Wandern

Von München nach Venedig

Ralf und Mareike Lamsbach

Inhalt

Beginn in Münchens guter Stube: Startpunkt Marienplatz

Wandern von München nach Venedig

Wandersaison

Der erste Abschnitt der Tour (München – Karwendelhaus) kann schon ab Juni gegangen werden. Die Etappen über 2000 m sind erst im Juli und August zu empfehlen, wenn das Wetter in der Regel stabil ist. Davor und danach können in höheren Lagen Schneefälle das Weiterkommen behindern. Während der ersten Augusthälfte, der italienischen Hauptferienzeit, sind Reservierungen der Quartiere zu empfehlen. Der letzte Abschnitt (Belluno–Venedig) kann bis in den September hinein gegangen werden.

Gehzeiten

Bitte beachten Sie: Alle in diesem Wanderführer aufgeführten Zeiten verstehen sich als reine Gehzeiten. Rechnen Sie bei der Planung einer

Tour Zeit für Pausen, fürs Fotografieren, für Abstecher oder schlimmstenfalls ein Verlaufen hinzu. Auch ein Wettersturz oder abgerutschte Wege können die Zeit erheblich verlängern.

Anspruch

In der Rubrik ›Die Etappe in Kürze‹ wird jeweils darauf hingewiesen, ob es sich um eine einfache (+), mittelschwere (++) oder anspruchsvolle (+++) Tour handelt. Für die Bergetappen sollte man mit den alpinen Gefahren vertraut sein.

Wanderkarten

Zu empfehlen sind die Kompass-Wanderkarten im Maßstab 1:50 000, die in großen Buchhandlungen in Deutschland vorrätig sind. Vor Ort sind die Karten zum Teil zwar billiger, aber das gewünschte Kartenblatt ist nicht immer vorrätig. Die Tabacco-Wanderkarten im Maßstab 1:25 000 sind zwar genauer, aber die einzelnen Kartenblätter decken ein kleineres Wandergebiet ab. Das bedeutet zusätzliches Gewicht. Ab Tag 26 gibt es keine genauen Wanderkarten mehr. Die an vielen Orten erhältlichen Touristenkarten von Belletti eignen sich nur zur ungefähren Orientierung. Gleiches gilt für die relativ teuren und veralteten Militärkarten *(Carta d'Italia),* die in Deutschland erhältlich sind, nicht aber in Italien.

Alpines Notsignal

6x pro Minute (alle 10 Sekunden) optisches oder akustisches Signal (Rufen, Pfeifen, Winken), dann 3 Min. Pause, dann wiederholen. Antwort: 3x pro Minute ein Signal.

Hubschraubereinsatz: Der Einsatz von Rettungshubschraubern ist von guten Sichtverhältnissen abhängig. Bei Sichtverbindung sind folgende Armzeichen festgelegt:

Beide Arme schräg nach oben: JA, wir brauchen Hilfe, hier landen.

Linker Arm schräg hoch, rechter Arm schräg abwärts: NEIN, nicht landen, wir brauchen keine Hilfe.

Bergrettung

Bergrettung Deutschland:	Tel. 112
Bergrettung Österreich:	Tel. 140
Rettungsdienst Italien:	Tel. 117

Unfälle können auch in allen Berghütten gemeldet werden.

Vorwahlnummern

Nach Deutschland	0049
Nach Österreich	0043
Nach Italien	0039

Null der Ortsvorwahl **mitwählen.** (Bei **Mobilfunk** aber Null der Ortswahl **weglassen.**)

SYMBOLE IN DEN KARTEN

⌂	Gasthaus, Berghütte (bewirtschaftet)	⚒	Bergwerk (aufgelassen)
⌂	Schutzhütte, Unterstand (unbewirtschaftet)	✿	Mühle
⛪	Kirche	†	Wegkreuz, Marterl
⛪	Kapelle	⊼	Rastplatz
⛪	Kloster	⋒	Höhle
⛫	Burg, Schloss	⌇ᵂᶠ	Wasserfall
⌤	Burgruine	○	Quelle
⌗	Aussichtsturm	⚘	Hervorragender Nadelbaum
∴	Archäologische Stätte	⚘	Hervorragender Laubbaum
⚐	Denkmal, Monument	⊢	Schiffsanlegestelle
⚒	Bergwerk (in Betrieb)	⋈	Schwimmbad
		⌁	Sendemast

Der Weg

Zu Fuß über die Alpen, vom Münchner Marienplatz zum Markusplatz in Venedig – das sind mehr als 550 km durch Bauernland, Almböden und Gletscherregionen, über Hügel und Bergriesen, vorbei an Rinnsalen und Sturzbächen. Mehr als 20 000 Höhenmeter sind dabei vom oberbayerischen Isartal bis in die venezianische Tiefebene zu bewältigen, mit einem Gewicht von 10–15 kg auf dem Buckel. Das ist nur etwas für Konditionswunder, für echte Bergsteiger? Keineswegs!

Ausdauer, Trittsicherheit und Schwindelfreiheit sind allerdings erforderlich; für einige Bergetappen auch alpine Wandererfahrung. Die Tour folgt überwiegend guten und markierten Wanderwegen. Gerade eine mehrwöchige Wanderung bietet Gelegenheit, die Kondition Schritt für Schritt zu verbessern. Mit der richtigen Vorbereitung und passender Ausrüstung kann jeder erfahrene Bergwanderer die Strecke schaffen.

Der ›Erfinder‹ der Fernwanderung von München nach Venedig ist Ludwig Graßler. Im Jahr 1977 hat er als erster den ›Traumpfad‹ in seinem Buch »Zu Fuß über die Alpen« beschrieben. Durch ihn ist die Route zu einem echten Klassiker geworden.

Aber es gibt nicht den Weg von München nach Venedig. Die hier vorgestellte Tour hat sich unter einer Vielzahl von Varianten bewährt. Kurze Etappen zwischendurch und die gelegentliche Nutzung von Seilbahnen sparen Kraft und Zeit. Vor allem die ersten Etappen sind noch relativ kurz, denn so mancher hat schon wegen Blasen an Füßen aufgeben müssen, bevor er überhaupt aus den bayerischen Voralpen herausgekommen ist. Am dritten Tag geht es dann von Lenggries hinauf in die Berge. Die Gratwanderung zur Benediktenwand ist ein gutes Training für die bevorstehenden Bergetappen.

Nach sechs Wandertagen ist das Karwendel mit seinen schroffen Gipfeln erreicht. Hier beginnen die Nördlichen Kalkalpen, die durch Schuttfelder und mit Geröll gefüllte Kare geprägt sind.

Aus dem Inntal, von Hall in Tirol, geht es dann hinauf in die einsamen Tuxer Voralpen. Hier beginnen die Zentralalpen, die sich besonders durch ihre Gletscher hervorheben. Die kristallinen Gesteine, vor allem Gneise und Schiefer, sorgen für sanfte Formen, für üppige, weit hinauf reichende Vegetation, für Bäche und Seen und große Blockfelder. Über die Friesenbergscharte – mit 2910 m der höchste Punkt der Tour – erreichen wir schließlich den Zillertaler Hauptkamm und kurz danach Südtirol. Nach zwölf Etappen ist Italien erreicht!

Nun geht es über die grünen Berge von Pfunders ins Pustertal hinunter. Hier beginnen die südlichen Kalkalpen in ihrer markantesten Ausprägung. Bis Belluno erstrecken sich nun die Dolomiten mit so klangvollen und bekannten Bergen wie Peitlerkofel, Sella, Marmolada und Civetta. Ein besonderes Erlebnis ist die Überquerung des Sella-Massivs und der Schiara.

Nach 24 Tagen heißt es dann Abschied nehmen von den Alpen. Die Provinzhauptstadt Belluno empfängt uns mit venezianischer Kunst und der warmen Atmosphäre des Südens. Bis zu unserem Ziel, der Lagunenstadt Venedig, sind es aber noch sechs lange, erlebnisreiche Etappen. Nach dem Aufstieg zum Nevegal, dem »Schneeberg«, erwartet uns das Veneto mit Burgen und Weinbergen. Die Berge im Norden werden immer kleiner, nun zehrt die Hitze an den Kräften. Bald kündigt die erste Meeresbrise die

Laguna di Venezia an. Alle Mühen finden hier ein Ende; das Bad im warmen Meer und die Überfahrt mit dem Schiff vom Ende des Lido zum »schönsten Salon Europas«, dem Markusplatz in Venedig sind der krönende Abschluss.

Natürlich ist es eine runde Sache, wenn man Zeit und Gelegenheit hat, die Wanderung in einem Stück zu absolvieren. Sie kann aber auch in Abschnitten gegangen und so auf mehrere Jahre verteilt werden:

1. Etappe: München–Karwendelhaus (Tag 1 bis Tag 6)
2. Etappe: Karwendelhaus–Pfunders (Tag 7 bis Tag 13)
3. Etappe: Pfunders–Alleghe (Tag 14 bis Tag 19)
4. Etappe: Alleghe–Belluno (Tag 20 bis Tag 24)
5. Etappe: Belluno–Venedig (Tag 25 bis Tag 30)

Der erste Abschnitt kann schon im Juni in Angriff genommen werden, da er nur bis auf 1800 m führt, wo es dann meist schon schneefrei ist. Die beste Zeit für die Abschnitte 2 bis 4 ist Mitte Juli bis Mitte September (danach schließen auch die Hütten). Der letzte Abschnitt kann bis in den Herbst hinein gegangen werden.

Mit dem Fahrrad schafft man die Alpenüberquerung in 1 Woche, mit dem Auto oder der Bahn in 5 Stunden und mit dem Flugzeug in gerade einmal 45 Minuten. Wer aber zu Fuß über die Alpen geht, lässt das Geschwindigkeitsgefühl der technisierten Welt weit hinter sich. Und nicht nur das: Die Weite der Landschaft, die noch verhältnismäßig unberührte Natur, die frische Luft und die Herausforderung der körperlichen Anstrengung schaffen eine tiefe Zufriedenheit.

Die Ausrüstung

Eine alte Trapper-Weisheit lautet: Leg alles an Ausrüstung vor Dich hin, was Du glaubst zu brauchen – und wirf davon die Hälfte weg! Das Vergnügen bei der Alpenüberquerung liegt nicht darin, möglichst komfortabel zu leben, sondern darin, sich möglichst komfortabel fortzubewegen. Und das fällt umso leichter, je weniger Gewicht man auf dem Rücken trägt.

Das Packgewicht sollte bei Männern nicht mehr als 13 kg, bei Frauen 9 kg betragen. Getränke und Tagesproviant kommen ja auch noch hinzu! Sollte doch zu viel eingepackt worden sein, kann man von unterwegs immer noch ein Paket nach Hause schicken.

Auf die folgenden Ausrüstungsgegenstände sollte allerdings nicht verzichtet werden:

Als **Schuhe** kommen nur Trekking- oder Bergschuhe in Frage, die über den Knöchel reichen und gut eingelaufen sind. Gut gepolsterte

Wandersocken helfen Blasen zu vermeiden; zwei Paar, die man abwechselnd waschen kann, sind ausreichend. Für die Etappen in der Ebene sind dünnere Wandersocken zu empfehlen, da die Füße bei hohen Temperaturen anschwellen. Zum Schutz der Füße sollten diese morgens mit Fußcreme (z. B. Weleda Fußbalsam) eingecremt werden. Für den Fall, dass trotzdem mal Blasen entstehen, sind Blasenpflaster (z. B. Compeed) besser als Verbände oder normale Pflaster. Als Zweit- und Hüttenschuhe eignen sich Sandalen.

Mit dem **Rucksack** ist es wie mit den Wanderschuhen: Er muss passen. Nur dann hängt das Gewicht nicht auf den Schultern, sondern wird auf die Hüften verlagert. Innengestell-Rucksäcke sind besser geeignet als solche mit Außengestell, weil sie leichter und weniger sperrig sind. Seitentaschen am Rucksack sind zum Verstauen von

Trinkflaschen praktisch. Eine Regenhülle kann gute Dienste leisten, weil trotz Imprägnierung kein Rucksack hundertprozentig wasserdicht ist. Eine Alternative ist ein Poncho, der nicht nur den Rucksack, sondern auch noch den Wanderer vor Regen schützt. In jeden Rucksack gehören Isomatten-Sitzstücke, damit man sich bei der Rast auf kalten Steinen, Bänken o. ä. keine Unterkühlung holt.

Kleidung und Wäsche sollten aus Mikrofasermaterial bestehen. Mikrofaser hält trocken und trocknet selbst nach dem Waschen über Nacht; zwei Garnituren sind daher ausreichend. Ferner braucht man eine lange und eine kurze Hose, die genügend Bewegungsfreiheit geben, ein langärmliges Hemd, das vor extremer Sonneneinstrahlung schützt, Polypropylen-Unterwäsche mit langen Ärmeln und Beinen sowie Handschuhe und Mütze für Kälteeinbrüchen in den Bergen. Als Pulli/Jacke eignet sich Fleece am besten. Es ist leicht, atmungsaktiv und fügt sich in das bewährte Zwiebelschalenprinzip ein: Aus vielen dünnen Schichten entsteht ein Schutzschild für unterschiedliches Wetter und Temperaturschwankungen. Eine Gore-Tex-Jacke stellt die äußerste Schutzschicht gegen Wind und Wetter dar. Als Schutz vor der intensiven Höhensonne sind eine **Kopfbedeckung,** die auch die Ohren abdeckt, eine Sonnenbrille und Sonnencreme erforderlich.

Auf den Hütten ist das Benutzen eines **Hütten-Schlafsacks** vorgeschrieben; Seide hat gegenüber Baumwolle oder Fleece den Vorteil des kleinen Packmaßes und des geringen Gewichtes.

Teleskop-Stöcke entlasten bei den oftmals langen Abstiegen Kniegelenke und Wirbelsäule, bieten Sicherheit bei der Querung von Schnee- und Blockfeldern und eignen sich als mögliche ›Waffe‹ gegen Hunde in der Ebene.

Die **Trinkflaschen** sollten insgesamt 2 Liter fassen, weil auf einigen Etappen keine Möglichkeit zur Einkehr besteht und Quellen fehlen (Tag 4, 10, 11).

Ein **Handy** kann für Notfälle und für die Reservierung der Hütten hilfreich sein; Freischaltung für das Ausland nicht vergessen! Eine **Trillerpfeife** ist griffbereit zu verstauen, damit sie im Notfall zur Hand ist. Schließlich brauchen Sie noch ein individuell zusammengestelltes **Erste-Hilfe-Set** sowie Ohrstöpsel (gegen Schnarcher!). Als Mitglied im Alpenverein den Alpenvereinsausweis nicht vergessen! Bargeld kann mit der EC-Karte an Bankautomaten im Tal abgeholt werden.

Überschreitung der Schiara

Für die Überschreitung der Schiara (Tag 23) brauchen Sie eine **Klettersteigausrüstung** (Selbstsicherung, Helm, Handschuhe), die Sie an eines der Gasthäuser auf dem Passo Duran vorausschicken können (mindestens 3 Wochen vorher!). Die Wirtsleute dort sprechen Deutsch und sind auf solche Sendungen eingestellt:

Fam. Cordella, Passo Duran,
I-32010 Goima di Zoldo Alto (BL),
Tel. (0039) 0437 62360
Rifugio Passo Duran »C. Tomè«,
I-32010 Goima di Zoldo Alto (BL),
Tel. (0039) 0437 65199

Die Hütten

Stützpunkte auf der Wanderung über die Alpen sind Hütten, die sich überwiegend im Besitz der Alpenvereine Deutschlands (DAV), Österreichs (ÖAV) und Italiens (CAI) befinden. Die Bezeichnung »Hütte« täuscht allerdings, fast alle haben den Charakter einfacher Gasthäuser. Sie werden voll bewirtschaftet, was eine mehrtägige Wanderung in den Bergen überhaupt erst ermöglicht.

Geschlafen wird in Zimmern mit zwei bis sechs Einzelbetten oder in Matratzenlagern, großen Räumen, in denen viele Leute Platz finden. Der Vorteil der Lager ist, dass sie nur halb so teuer sind wie die Zimmer, der Nachteil, dass man selten eine schnarchfreie Nacht erlebt. Ob Zimmer oder Lager: Die Verwendung eines Hüttenschlafsacks ist vorgeschrieben.

Die Alpenvereine haben in den letzten Jahren große Anstrengungen unternommen, den Betrieb ihrer Hütten nach ökologischen Grundsätzen umzugestalten. Besonderes Augenmerk wurde und wird dabei auf die Ver- und Entsorgung gelegt. Dazu gehört in erster Linie eine umweltfreundliche Energieversorgung. Die einfachste Maßnahme ist natürlich, Strom zu sparen. Durch Einsatz von Energiesparlampen und -geräten läßt sich der Stromverbrauch in einer Berghütte um etwa 30 % senken. Im nächsten

Alpenvereinen durch Mitgliedsbeiträge und durch Einnahmen aus den Übernachtungskosten finanziert. Eine weitere Einnahmequelle ist die Pacht, die der Hüttenwirt an die Vereine zahlt. Dafür behält er die Einnahmen aus der Bewirtschaftung, trägt aber auch die Kosten für die Beschaffung der Lebensmittel. Diese werden entweder mit dem Materiallift, mit dem Hubschrauber oder mit Pferden zur Hütte transportiert. Nur in Ausnahmefällen muss der Wirt noch selber Kartoffeln und Nudeln, Speck und Eier aus dem Tal herauftragen.

Bei so viel Aufwand ist zu verstehen, dass es in allen Hütten nur einfache Gerichte gibt. Auch Selbstversorger zahlen für die Benutzung der Einrichtungen eine Gebühr.

Die Mitgliedschaft im Alpenverein (AV) lohnt für Wanderer in mehrfacher Hinsicht: Gegenüber anderen Gästen hat man in einer AV-Hütte Vorrecht bei der Vergabe von Übernachtungsplätzen und zahlt nur die Hälfte, außerdem hat man Anspruch auf das »Bergsteigeressen« (ein preisgünstiges, kräftiges Tagesgericht), ein Bergsteigergetränk sowie heißes Teewasser für mitgebrachte Teebeutel. Außerdem genießt man Versicherungsschutz bei Bergunfällen.

Im Gegensatz zu den Stützpunkten der Vereine werden in privaten Hütten oft nur so viele Personen aufgenommen wie Schlafplätze vorhanden sind. Hier ist deshalb eine vorherige Anmeldung besonders wichtig (Tag 14, 16, 18, 21)! Generell ist zu empfehlen, die Hüttenwirte nach den aktuellen Telefonnummern der nächsten Hütten zu fragen.

Schritt kommt je nach örtlichen Gegebenheiten Wasser-, Wind- oder Sonnenkraft zum Einsatz, die umweltbelastende Dieselstromaggregate ersetzen. Wo das nicht geht, werden umweltfreundliche, mit Pflanzenölen betriebene Stromgeneratoren eingesetzt. Die Abwärme wird mittels Wärmetauscher für Heißwasser in der Küche oder zur Beheizung von Trockentoiletten und Abwasserklärsystemen verwendet. Nicht zuletzt gehört auch der gute alte Kachelofen auf vielen Hütten zum Standard.

Ein riesiges Problem auf den Hütten sind Abfälle, Fäkalien und Abwasser. Sie können heute durch moderne Klärsystemen in fruchtbare Erde und biologisch sauberes Wasser umgewandelt werden.

All diese Maßnahmen, die generelle Unterhaltung, aber auch der Neubau von Hütten werden von den

Ein treuer Weggefährte: Das Murmeltier

Das Alpenmurmeltier, auch »Mankei« genannt, gehört zur Familie der Hörnchen und ist das größte Nagetier der Alpen. Unter den wild lebenden Säugetieren zählt es zu denen, die am häufigsten auf der Wanderung über die Alpen beobachtet werden können. Es wird bis zu 8 kg schwer und kann eine Schulterhöhe von 20 cm und eine Körperlänge von 60 cm erreichen. Murmeltiere besiedeln bevorzugt freie Almflächen und alpine Rasen in Höhen von etwa 1500 bis 2700 m. Sie leben gesellig im Familienverband, dessen Zentrum ein lebenslanges Paar ist. Die Jungtiere bleiben bis zur Geschlechtsreife (2 bis 3 Jahre) bei den Eltern.

Je nach Jahreszeit bewohnen die Familien unterschiedliche Baue: Der Sommerbau hat nur einen kleinen Kessel, dafür aber viele Eingänge; die Gänge sind nicht sehr tief gegraben. Es gibt auch reine Fluchtbaue, oft nur einen Meter lang, in die sie sich rasch zurückziehen, wenn Gefahr droht.

Der im Winter benutzte, etwa 5–7 m lange Bau enthält eine frostsichere, mit trockenem Gras ausgepolsterte Schlafhöhle, die bis zu 3 m unter der Erde liegen kann. In dieser Schlafhöhle hält die gesamte Familie – bis zu 10 Tiere – eng aneinander geschmiegt von Oktober bis April ihren Winterschlaf. Dabei sinkt ihre Körpertemperatur auf 10

Grad, das Herz schlägt weniger als 30-mal in der Minute. Nur alle zwei Jahre, kurz nach dem Winterschlaf, erfolgt die Paarung, damit ein volles Jahr zur Aufzucht der Jungtiere zur Verfügung steht. Nach etwa einem Monat Tragzeit werden bis zu 7 Junge geboren und etwa 6 Wochen lang, bis zum Verlassen des Baus Ende Juli, gesäugt.

Nach dem Winterschlaf ernähren sich die Murmeltiere hauptsächlich von Wurzeln und Knollen. Im Sommer folgen Gräser, Blüten, Samen und Früchte. Pro Tag benötigt ein erwachsenes Tier ca. 1,2 kg Grünmasse. Murmeltiere sind tagaktiv und äsen in großen Gruppen. Wenn eines der Tiere eine Gefahr bemerkt, stößt es sofort einen schrillen Schrei aus, der wie ein lauter Pfiff klingt. Ein langgezogener Schrei bedeutet Gefahr aus der Luft, eine Abfolge kurzer Schreie deutet auf eine Gefahr am Boden hin. Natürliche Feinde des Murmeltiers sind Adler, Uhu und Fuchs.

Seit jeher gilt das Fett des Murmeltieres, das »Mankei-Schmalz«, als heilkräftig. Früher wurde es häufig gegen Brust- und Lungenleiden, Magenbeschwerden, Seitenstechen sowie gegen Nerven- und Gelenkschmerzen verwendet.

In touristisch erschlossenen Gebieten wie etwa am Großglockner sind die Mankei recht zutraulich und fressen einem nahezu aus der Hand. Abseits der Touristenpfade aber sind sie scheu und sehr wachsam. Es bedarf einiger Geduld, um näher an ein Tier heranzukommen. Meist verschwindet es bei drohender Gefahr sofort im nächsten Bau oder versteckt sich zwischen Felsen. Weil es aber von Natur aus neugierig ist, wird die Geduld auf keine allzu harte Probe gestellt.

Tag 1

An den grünen Fluten der Isar

Vom Münchner Marienplatz zum Kloster Schäftlarn

Der erste Wandertag führt aus der guten Stube Münchens, dem Marienplatz, hinaus in die schöne und ruhige Flusslandschaft der Isar. Entlang des Weges zu den Gemeinden Großhesselohe, Pullach und Baierbrunn bieten sich viele Ausblicke auf das Isartal.

DIE ETAPPE IN KÜRZE

+
Anspruch

Charakter: Leichte Talwanderung auf guten Wegen.

Wanderkarte: Kompass-Wanderkarte 1:50 000 Nr. 180; Bayrisches Landesvermessungsamt 1:50 000 Nr. UK L1, Ammersee – Starnberger See und Umgebung

5.30 Std.
Gehzeit

22 km
Länge

Einkehrmöglichkeiten: Waldwirtschaft Großhesselohe (Jazz-Biergarten); Biergarten Brückenwirt Brücke Höllriegelskreuth

Unterkunft: Hotel-Landgasthof Klosterbräu-Stüberl, Kloster Schäftlarn 16, 82067 Ebenhausen, Tel. 08178/3694; Hotel Schlee »Villa Verde«, Bahnhofstr. 5, 82069 Hohenschäftlarn, Tel. 08178/49 15 oder 960 30

Touristeninformation: Sendlinger Straße 1, 80331 München, Tel. 089/233 03 00

Die ersten Schritte vom **Marienplatz** in **München** führen uns in östliche Richtung zum **Isartor**. Mit seinen zwei achteckigen Türmen, dem Wehrtor und dem Hauptturm ist es das einzige Tor der einstigen mittelalterlichen Anlage, das noch annähernd das originale Bild bewahrt hat. Das farbenprächtige Fresko aus dem Jahre 1835 erzählt die Heimkehr Kaiser Ludwigs des Bayern nach seinem Sieg über die Habsburger in der Schlacht von Ampfing im Jahr 1332. Weiter geradeaus ist über die Zweibrückenstraße nach wenigen Minuten die Ludwigsbrücke erreicht. Hier schlug Münchens erste Stunde: Herzog Heinrich der Löwe hatte 1158 die Isarbrücke bei Oberföhring kurzerhand niederbrennen lassen und da-

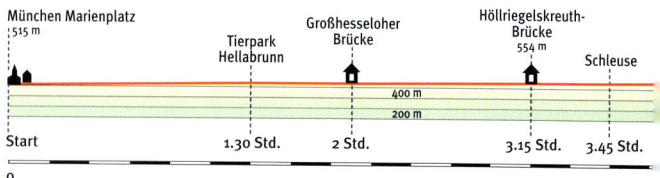

München Marienplatz · 515 m

Tierpark Hellabrunn

Großhesseloher Brücke

Höllriegelskreuth-Brücke · 554 m

Schleuse

400 m
200 m

Start · 1.30 Std. · 2 Std. · 3.15 Std. · 3.45 Std.

0

für beim damaligen Weiler München einen neuen Übergang errichten lassen – und so den lukrativen Salzhandel aus dem Gebiet des Bischofs von Freising in seinen Herrschaftsbereich umgeleitet.

Über die Brücke und vorbei am Deutschen Museum queren wir die Isar. Links zieht das Müllersche Volksbad, ein Jugendstiljuwel, und geradeaus der Gasteig, das monumentale Kulturzentrum Münchens, unseren Blick auf sich. Auf der anderen Seite biegen wir rechts in die Zeppelinstraße an deren Seite ein Weg am östlichen **Hochufer der Isar** entlang führt. Am Deutschen Museum beginnt ein 4,6 km langer Planetenlehrpfad, der bis zum Tierpark Hellabrunn führt (1 Schritt entspricht 1 Million Kilometer). Die hohen Bäume bilden lange, schmale Alleen, und auf den Fußwegen geht es zügig voran. Bei schönem Wetter verwandeln sich die Kiesbänke der Isar zu einem Hort der Freikörperkultur.

Schon bald erscheint linker Hand der von Emanuel von Seidl im Jahr 1910 angelegte **Tierpark Hellabrunn** (1.30 Std.). Über die **Großhesseloher Eisenbahnbrücke** (2 Std.) wechseln wir auf das westliche Ufer der Isar. Von der hohen Brücke bietet sich eine schöne Aussicht auf die grüne Flusslandschaft. Die Großstadt scheint bereits in weiter Ferne.

Wir folgen dem Hochufer der Isar nach links an Schrebergärten und

Kloster Schäftlarn

Tennisplätzen vorbei und stoßen auf die beliebte Waldwirtschaft Großhesselohe mit Jazz-Biergarten. Diese sollte man nicht verpassen: Musik und eine allseits fröhliche Stimmung sorgen für weiteren Schwung.

Vor der Waldwirtschaft führt links eine kleine Fahrstraße wieder in das Tal der Isar hinab. Am Ufer folgen wir einem Schotterweg rechts am Kanal der Isar entlang. Wenn plötzlich laute Blasmusik und fröhliches Geschrei erschallt, lohnt ein Blick auf die Isar: Im Sommer fährt jeden Morgen eine ganze Flotte von Vergnügungsflößen von Wolfratshausen nach München. Dort werden die Stämme am Abend mit einem LKW wieder zum Ausgangspunkt gebracht. Die alten Floßmeisterfamilien haben immer noch das verbriefte Recht, mit dem Floß die Isar zu befahren. Da man aber das Holz heute billiger mit der Bahn oder dem LKW befördert, haben sie sich darauf verlegt, Ausflügler zu befördern.

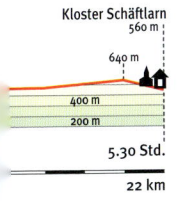

Kloster Schäftlarn
560 m
640 m
400 m
200 m
5.30 Std.
22 km

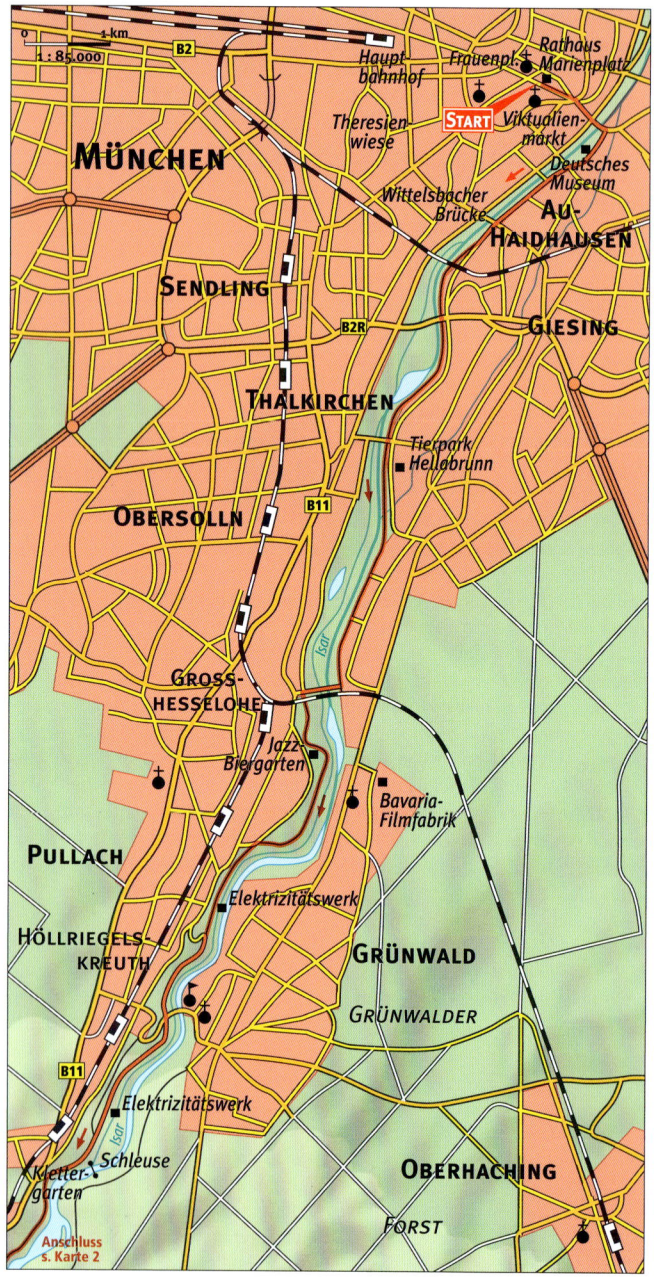

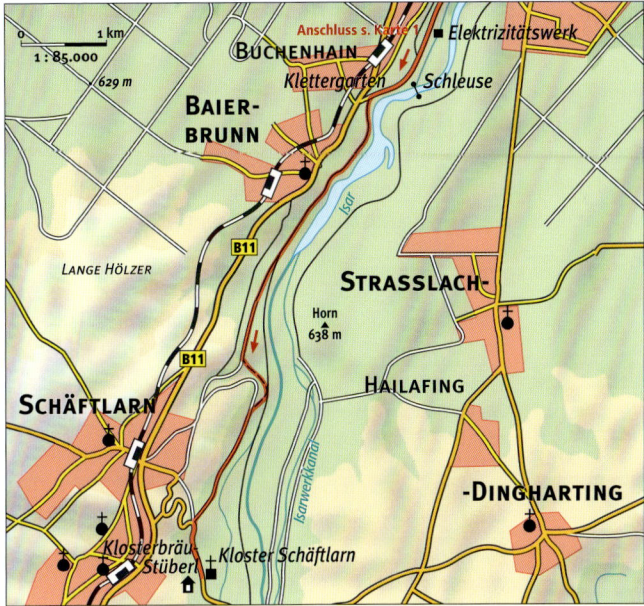

Ab der **Höllriegelskreuth-Brücke** (3.15 Std.) geht der Weg zunächst als Sträßchen bis zum Kraftwerk Höllriegelskreuth. Das Werksgelände wird auf einem Waldweg in einem weiten Bogen, ein Stück den Hang hinauf, umgangen (Richtung Buchenheim, Klettergarten, Kloster Schäftlarn). Die Isar erreichen wir erst wieder bei der **Schleuse** (3.45 Std.).

Von der Schleuse führt der Weg auf dem befestigten Isarufer weiter. Kurz nach der großen Flussschleife leitet uns ein Forstweg durch den Hangwald. Wir folgen dem Zeichen des Jakobsweges (blaues Schild mit gelber Sonne und Strahlen) sowie den gelben Dreiecksmarkierungen des Isartalwandervereins bis zur Landstraße (5.15 Std.). Von hier setzen wir den Weg am Straßenrand fort, hinab zum **Kloster Schäftlarn** (5.30 Std.).

Benediktinerabtei Schäftlarn

Im Jahr 762 gegründet, gehört Kloster Schäftlarn zu den bayerischen Urklöstern und ist die kulturgeschichtlich bedeutendste Anlage im oberen Isartal. Bischof Otto von Freising übergab es 1140 den Prämonstratensern, die im frühen 18. Jh. den gesamten Klosterneubau und auch die bekannte Rokoko-Kirche errichten ließen. 1866 vertraute König Ludwig I. das Kloster dem Orden des hl. Benedikt an mit dem Auftrag, »dass die Ordensmitglieder sich der Seelsorge wie der Erziehung und Bildung der Jugend widmen sollen«.

Neben einzelnen Handwerksbetrieben beherbergt das Kloster heute auch ein staatlich anerkanntes Europäisches Gymnasium für Jungen und Mädchen mit Tagesheim oder Internat.

Tag 2

Berge in Sicht

Vom Kloster Schäftlarn nach Geretsried

Bei Icking sind zum ersten Mal die bayerischen Voralpen und sogar einige Alpenberge zu erkennen. Nach Wolfratshausen geht es am Rand des Naturschutzgebietes Isarauen entlang zu einer Stadt, die auf den Ruinen eines gigantischen Rüstungsbetriebs entstand.

DIE ETAPPE IN KÜRZE

+
Anspruch

6 Std.
Gehzeit

21 km
Länge

Charakter: Leichte Talwanderung auf guten Wegen

Wanderkarten: Kompass-Wanderkarte 1:50 000 Nr. 180; Bayrisches Landesvermessungsamt 1:50 000 Nr. UK L1, Ammersee – Starnberger See und Umgebung

Einkehrmöglichkeit: Wolfratshausen

Unterkunft: Gasthof Geiger, Tattenkofenstr. 1, 82538 Geretsried, Tel. 08171/316 11, Di, Mi Ruhetag; Gaststätte Isarwinkel, Richard-Wagner-Str. 14, 82538 Geretsried, Tel. 08171/313 07

Der Landstraße vor dem **Kloster Schäftlarn** folgen wir hinab zur nächsten Linkskurve. Hier beginnt rechts der markierte Gregoriweg nach Icking. Der Weg verdankt seinen Namen einem Benediktinerpater, der sich um den Naturschutz im Isartal verdient gemacht hat. Vom Fuß des Hangs steigt dieser Weg leicht an und verläuft im Hangwald weiter. Beim nächsten Wegzweig halten wir uns links. Weiter bergan

gelangen wir schließlich nach einer Rechtskurve und einem Stück bergab in ein Seitental. In der nächsten scharfen Linkskurve zweigt ein Weg rechts ab, dem wir bergauf bis zum zweiten Abzweig links folgen. Dieser führt uns über einen kleinen Graben und anschließend rechts weiter den Hangwald hinauf. Am Waldrand halten wir links auf eine Kastanienallee zu und kommen zum Ortsrand von **Holzen.**

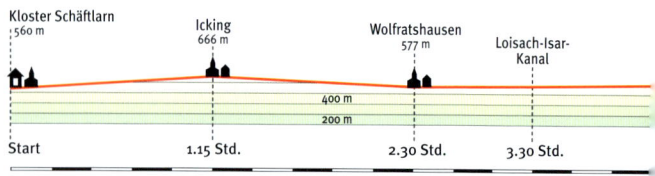

Kloster Schäftlarn 560 m	Icking 666 m	Wolfratshausen 577 m	Loisach-Isar-Kanal
Start	1.15 Std.	2.30 Std.	3.30 Std.

Rast an der Isar bei Wolfratshausen

Vor der »Reitanlage Gut Holzen« folgen wir der Straße ein kurzes Stück nach rechts und biegen dann bei einer Schranke links in einen Weg, der an Pferdekoppeln vorbei und am Waldrand entlang auf die Kirche von Icking zuführt. Zum ersten Mal heben sich hier die Voralpen deutlich von der Ebene ab. In **Icking** führt der Weg rechts um das schlichte Kirchlein Hl. Kreuz herum hinauf zur Bundesstraße (1.15 Std.).

Wir folgen der Straße nach links und biegen nach ca. 300 m wieder links in den Spatzenloher Weg ein (grüner Punkt). Die Zufahrtsstraße führt an der Bahnlinie entlang und geht in einen Waldweg über. Über Stufen gelangen wir zu einem Sträßchen hinunter, das uns an den Bahngleisen entlang zu einer weiteren

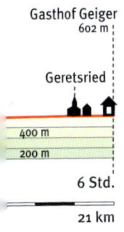

Treppe auf der rechten Seite führt, die wir in Richtung Weidach hinaufsteigen. Auf der Böschung lädt wenig später eine Bank zwischen großen Buchen zur Rast ein. Von hier bietet sich ein schöner Blick auf die Isar und ihre Auwälder. Ein Gedenkstein erinnert an den Münchner Baurat Theodor Lechner, den Erschließer des Isartals. Er hatte schon vor der Wende zum 20. Jh. erkannt, dass eine Großstadt wie München ein Naherholungsgebiet braucht, und zusammen mit dem Isartalverein das Flusstal durch Wanderwege erschlossen.

Über Stufen geht es wieder abwärts zur Fahrstraße Schlederleiten. Auf ihr gelangen wir allmählich hinunter zum Flusslauf der Loisach und weiter unter der Eisenbahnbrücke hindurch in die Ortschaft **Weidach** hinein. Mit etwas Glück kann man hier beobachten, wie Vergnügungsflöße für die Fahrt auf der Isar nach München zusammengebaut werden.

Bei der Gaststätte an der Bundesstraße überqueren wir die Loisach über die Eisenstege und folgen rechts dem Uferweg. Stellenweise kann man hier München–Venedig-

Aufkleber sehen. Sie stammen von einem Wandertreff, der jedes Jahr am 8. 8. um 8 Uhr am Münchner Marienplatz stattfindet.

Über die nächste Brücke wechseln wir wieder zur anderen Loisachufer und erreichen bald darauf das Stadtzentrum von **Wolfratshausen** (2.30 Std.). Die erste schriftliche Erwähnung von Wolfratshausen stammt aus der ersten Jahrtausendwende. Der Name bezeichnete damals eine Burg der Grafen von Wolfratshausen, von der heute nichts mehr zu sehen ist: 1734 wurde sie vom Blitz getroffen und brannte völlig aus. Während der wittelsbachischen Herrschaft im 13. Jh. übernahm die im Tal wachsende Siedlung den Namen der Burg. Sie lag direkt an der damaligen Hauptstraße nach Italien und entwickelte sich schnell zu einem florierenden Ort. Ein Wirtshaus nach dem anderen machte auf, wovon nicht nur die Italienreisenden profitierten. Das zweite Standbein der Wolfratshausener war die Flößerei auf Isar und Loisach. Die Stadt zählt heute 16 600 Einwohner und hat nicht zuletzt wegen dem S-Bahn-Anschluss nach München einen hohen Wohn- und Freizeitwert.

Wir überqueren erneut die Loisach und folgen der Sauerlacher Straße. Nach Überqueren der Gleise folgen wir rechts einem Fuß-/Radweg den Gleisen entlang. An der Schießstättstraße biegen wir links und gleich darauf rechts in die Margeritenstraße ab, die uns direkt zum **Loisach-Isar-Kanal** (3.30 Std.) führt. Nachdem wir diesen auf einer der Brücken überquert haben, geht es an Häusern des Ortsteiles **Waldram** vorbei und weiter zwischen der Isar und den Weidewiesen des Gutes Buchberg bis nach **Geretsried-Gartenberg.** Hier fällt ein mit Stachel-

draht behangener Zaunpfosten auf – ein Überbleibsel der »Schokoladenfabrik«.

Links von uns erstreckt sich das Naturschutzgebiet Isarauen. Leider verwehrt die dichte Buschlandschaft den Blick zur Isar. Wir bleiben weiter auf dem Isardamm-Weg, denn das Fortkommen auf den verschlungenen Pfaden im Auwald ist sehr zeitraubend. An Wohnhäusern vorbei geht es auf den Straßen Fuchsgraben und St. Hubertus weiter bis Geretsried (5.45 Std.). Bei einer Kreuzung überqueren wir die Adalbert-Stifter-Straße und folgen einem Pfad durch ein Waldstück. Am Ende des Waldes stoßen wir auf die Tattenkovener Straße, der wir rechts bis zum **Gasthof Geiger** (6 Std.) am Ende der Straße folgen.

Die Schokoladenfabrik

»Schokoladenfabrik« nannte der Volksmund die zwei gigantischen Rüstungsbetriebe, die 1936 im Wald beim heutigen Geretsried errichtet wurden. Für die über 7000 Menschen, die in den Fabriken arbeiteten, wurde eine eigene Siedlung gebaut, »Föhrenwald««, heute Waldram. Den Leuten in der Umgebung wurde verboten, von den Fabriken zu erzählen, so kam es zu dem harmlosen Decknamen – aber jeder wusste, was damit gemeint war. Nach 1945 fanden Heimatvertriebene aus dem Osten in den von Amerikanern demontierten Fabriken eine notdürftige Bleibe. An die gewaltige Aufbauleistung der Vertriebenen, aus der sich die Stadt Geretsried entwickelt hat, erinnert heute ein schlichtes Denkmal am Rathaus: »Not und Tod brachten uns her, Arbeit und Fleiß schufen uns Ehr«.

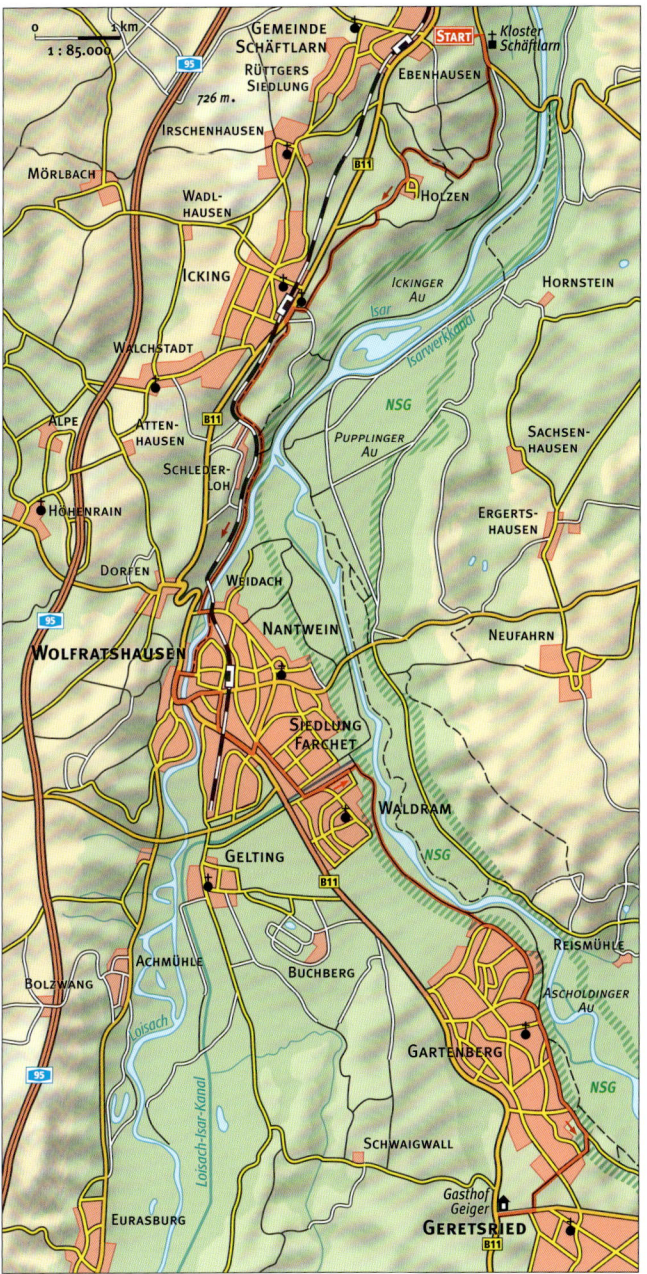

3

Tag

Ankunft im Gebirge

Von Geretsried zum Brauneck-Gipfelhaus

Nach verschlungenen Wegen im Naturschutzgebiet Isarauen geht es durch typisch bayerische Landschaften und Ortschaften. Dazu gehört auch die barocke Kurstadt Bad Tölz mit dem aussichtsreichen Kalvarienberg. Lohn des langen Tages ist die Fahrt mit der Kabinenbahn zum Brauneck-Gipfelhaus in 1540 m Höhe.

DIE ETAPPE IN KÜRZE

++

Anspruch

8.30 Std.

Gehzeit

32 km

Länge

Charakter: Einfache, aber lange Talwanderung, die in den Isarauen vereinzelt Pfaden und sonst guten Wegen und Straßen folgt.

Wanderkarten: Kompass-Wanderkarte 1:50 000 Nr. 180 und 182; Bayrisches Landesvermessungsamt 1:50 000 Nr. UK L18, Bad Tölz–Lenggries

Einkehrmöglichkeiten: Moralt-Alm in Bad Tölz, verschiedene Gasthäuser in Arzbach

Unterkunft: Brauneck-Gipfelhaus, 1540 m, Tel. 08042/87 86, mobil

0171/623 24 97 (DAV-Hütte Sektion Alpiner Ski-Club München; 36 Betten, 42 Lager; ganzjährig bewirtschaftet, Di Ruhetag); Hotel Alpenrose (kein Ruhetag), Braunecksstraße 1, 83661 Lenggries, Tel. 08042/915 50

Hinweis: Wegen der langen Gehzeit sollte man spätestens um 7 Uhr aufbrechen.

Fahrzeiten: Brauneck-Bergbahn tgl. 8.30–17 Uhr (bei schlechtem Wetter nur bis 16.30), Tel. 08042/50 39 40

In **Geretsried** setzen wir vom Gasthof Geiger aus den Weg nach links auf der Tattenkovener Straße fort und biegen zwei Straßen weiter

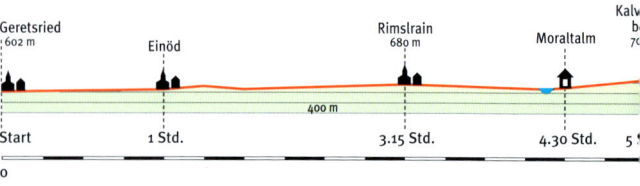

rechts in die Sudetenstraße ein. Diese führt über mehrere Kreuzungen hinweg und mündet nach dem Gewerbegebiet am Ortsende in eine Kreuzung. Hier gehen wir weiter geradeaus und folgen der Straße durch den Wald bis **Einöd** (1 Std.). Vor einem Eisentor zweigt rechts ein schmaler Waldweg ab (gelbe Raute), der uns tiefer in den Wald und in das Naturschutzgebiet Isarauen führt. Der Weg ist wegen hervortretender Baumwurzeln recht mühsam zu gehen. Immer den gelben Markierungen folgend gehen wir bei der nächsten Wegkreuzung links und nach ca. 500 m bei einem Abzweig wieder links – die gelben Wanderzeichen sind im dichten Astwerk leicht zu übersehen. Der Pfad führt hinauf zur **steilen Uferböschung** (1.30 Std.), wo sich gelegentlich ein Blick auf die Flusslandschaft der Isar öffnet.

Ein Steig führt uns wieder abwärts und über eine **kleine Brücke** (1.45 Std.) über den Rottach-Bach. Bei der folgenden Lichtung halten wir uns rechts und biegen wenig später beim Hinweisschild »Naturschutzgebiet« wieder links in einen mit gelben Wanderzeichen markierten Pfad ein. Dieser führt über eine Wiese und wieder in den Wald hinein. Bei der Wegkreuzung mit Naturschutzgebiet-Schild gehen wir

links über einen Holzsteg Richtung Bad Tölz und halten uns beim nachfolgenden Kiesweg rechts.

Der Weg flussaufwärts nimmt jetzt mehr und mehr den Charakter eines Fußpfades an. Gelegentlich kommen wir ganz dicht an das Kiesbett der Isar heran, dann geht es wieder durch den angrenzenden Wald. Insgesamt geht es im Uferbereich nur recht langsam vorwärts. Deshalb folgen wir dem Weg nicht weiter bis Bad Tölz, sondern biegen bei der nächsten Gelegenheit rechts in Richtung Lochen und Rimslrain ab. Durch den Wald ansteigend erreichen wir die Landstraße von Königsdorf nach Bad Tölz, der wir links bis zum Abzweig nach Rimslrain folgen (2.45 Std.).

Nach einer kurzen Steigung verläuft die Straße in Richtung Tölzer Stausee direkt durch das nur aus wenigen alten Höfen und Anwesen bestehende **Rimslrain** (3.15 Std.). Den Voralpenbergen Blomberg und Zwieselberg sind wir mittlerweile schon beachtlich nah gekommen. Am Ortseingang von **Leitzing** geht es bei der Bushaltestelle links in eine Sackgasse hinein. Der Weg führt links unterhalb einer weißen Kapelle vorbei, als Forstweg abwärts durch den Wald und endet wieder an der Landstraße Königsdorf–Bad

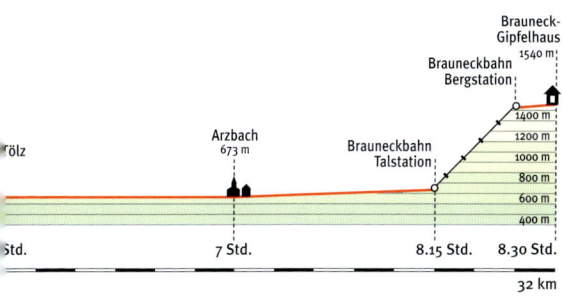

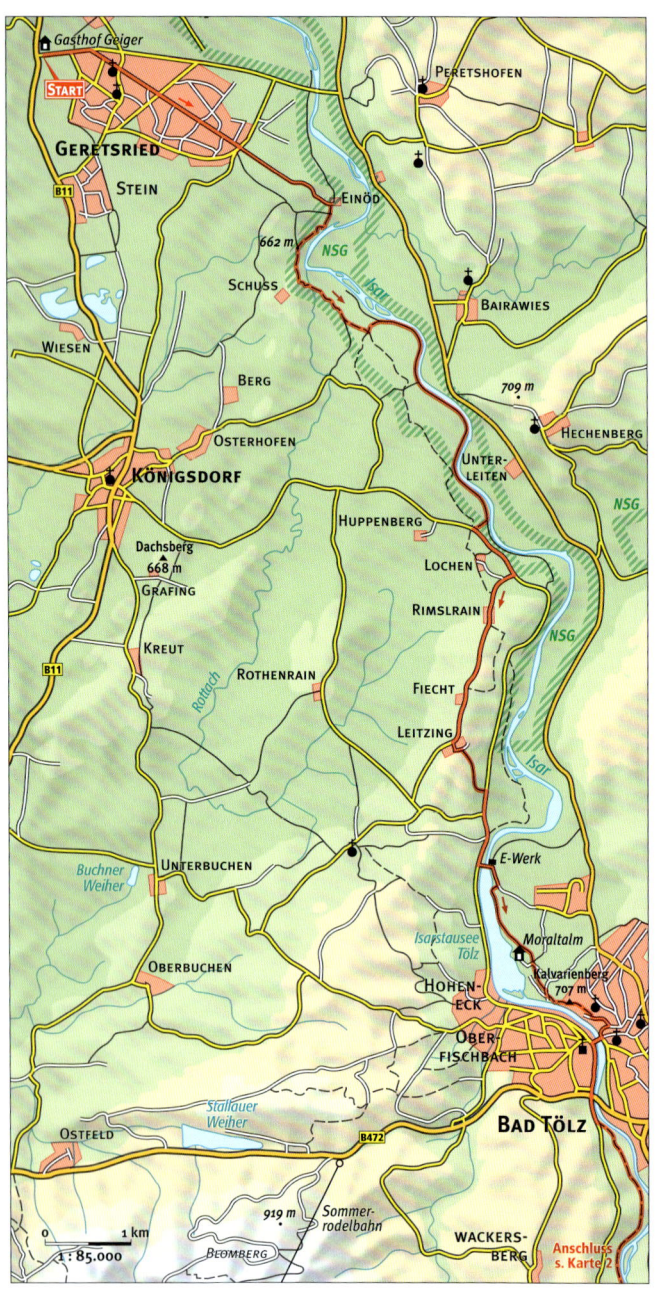

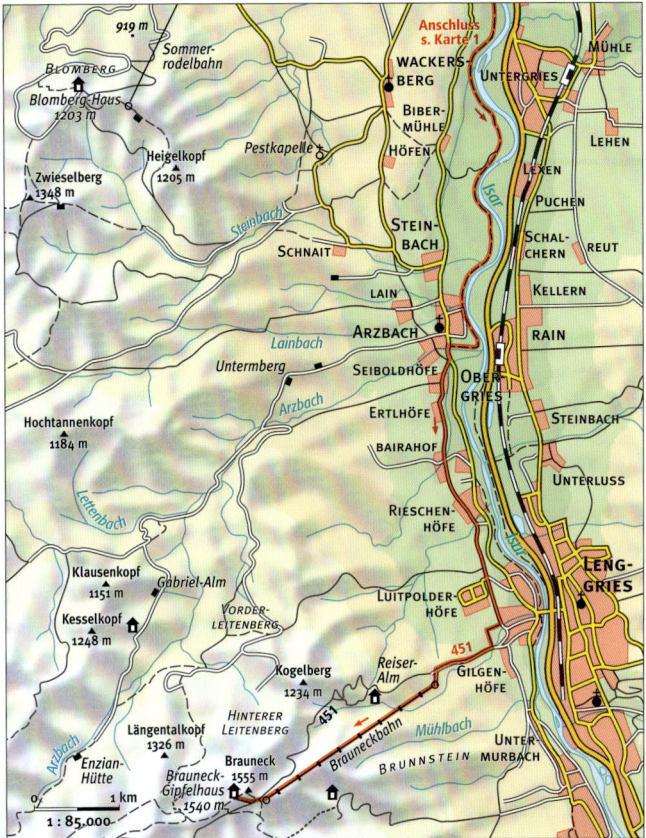

Tölz. Wir folgen der Straße nach rechts und nehmen dann nach ca. 1 km, kurz vor einem Parkplatz, linkerhand den Weg hinab zum **Isarstausee Tölz**. Über die Staumauer mit Wasserkraftwerk (4.15 Std.) hinweg geht es auf der Straße ein kurzes Stück rechts und kurz darauf wieder rechts den Wanderweg am Stausee entlang nach Bad Tölz. Jetzt ist es nicht mehr weit bis zur **Moralt-Alm** (4.30 Std.), der ersten Einkehrmöglichkeit auf der heutigen Etappe.

Von hier setzen wir unseren Weg in Richtung Ortsmitte Bad Tölz fort.

Wer noch gut in der Zeit liegt (die letzte Kabinenbahn zum Brauneck-Gipfelhaus fährt um 16.30 oder 17 Uhr!), kann noch einen Abstecher zum 707 m hohen Tölzer **Kalvarienberg** (5 Std.) machen (Hinweisschilder). Der Ausblick von dort oben ist den Umweg wert: Über dem Isarwinkel mit seinen sanften Hügeln, Wiesen und Wäldern erheben sich rechts Brauneck und Benediktenwand, geradeaus sind die Felswände des Karwendels auszumachen. Die Kalvarienbergkirche, eine 1726 erbaute barocke Doppelkirche, ist

Im Isarwinkel: Blick über die Isarauen in die Voralpen

ein Wahrzeichen von Bad Tölz, die Leonhardikapelle daneben noch heute Ziel einer alljährlichen Wallfahrt.

Bunt und barock präsentiert sich die alte Flößer- und Handelsstadt **Bad Tölz** (5.15 Std.). In der Fußgängerzone finden sich farbenprächtige Fassaden mit Lüftlmalerei, die einem das Gefühl gibt, der ›guten alten Zeit‹ zu begegnen.

Vorbei an den prachtvollen Häusern wechseln wir über die Isarbrücke auf die andere Seite und finden hier flussaufwärts einen bequemen Fuß- und Radweg in Ufernähe. Der Weg führt die nächsten 6 km durch Heidekrautbüschel und üppig wu-

cherden Wacholder und lässt uns abwechselnd die artenreiche Flora und das Spiel des Flusses erleben.

In **Arzbach** (7 Std.) biegen wir rechts zum Lenggrieser Höhenweg ab, der gut ausgeschildert ist. An alten Bauernhäusern und schönen Gasthöfen vorbei erreichen wir schließlich die Stadt **Lenggries.** Hier folgen wir den Hinweisschildern zur **Talstation Brauneckbahn** (8.15 Std.). Die Fahrt mit der Kabinenbahn zur Bergstation wirkt nach dem langen Wandertag wie eine Belohnung. Zum **Brauneck-Gipfelhaus** (8.30 Std.) leitet uns an der Bergstation ein ausgeschilderter Weg. Wir sind in den Bergen!

4

Tag

Gratwanderung zur Benediktenwand

Vom Brauneck-Gipfelhaus in die Jachenau

Die Gratwanderung vom Brauneck zur Benediktenwand zählt zu den schönsten Touren in den Voralpen. Sie ist ein gutes Training für die bevorstehenden Bergetappen. Weite Ausblicke steigern die Vorfreude auf die Alpenüberquerung.

DIE ETAPPE IN KÜRZE

++
Anspruch

6.30 Std.
Gehzeit

450 m
Anstieg

1200 m
Abstieg

Charakter: Mittelschwere, lange Bergwanderung auf guten Bergwegen. Der Aufstieg zur Benediktenwand und der obere Teil des Abstiegs nach Jachenau erfordern Trittsicherheit. Achtung: Der Grat ist extrem blitzgefährdet und sollte auf keinen Fall bei drohendem Gewitter begangen werden.

Wanderkarten: Kompass-Wanderkarte 1:50 000 Nr. 182; Bayrisches Landesvermessungsamt 1:50 000 Nr. UK L18, Bad Tölz–Lenggries

Einkehrmöglichkeiten: Unterwegs keine, deshalb im Brauneck-Gipfelhaus mit ausreichend Proviant und Getränken (keine Bäche unterwegs) versorgen. In Jachenau gibt es an der Kirche ein Lebensmittelgeschäft.

Unterkunft: Gasthof Zur Post, Dorfplatz 7 1/3, 83676 Jachenau, Tel. 08043/363, Mo Ruhetag; Gasthof Zur Jachenau, Dorf 8 1/2, 83676 Jachenau, Tel. 08043/9100, Di Ruhetag

Vom **Brauneck-Gipfelhaus** wandern wir den grasbewachsenen, breiten Bergrücken hinauf Richtung Benediktenwand und Tutzinger Hütte. Ein königlicher Weg in zweifacher Hinsicht: Zum einen ist er Teil des Maximilianweges, des Fernwanderwegs E 4 von Lindau nach Berchtesgaden,

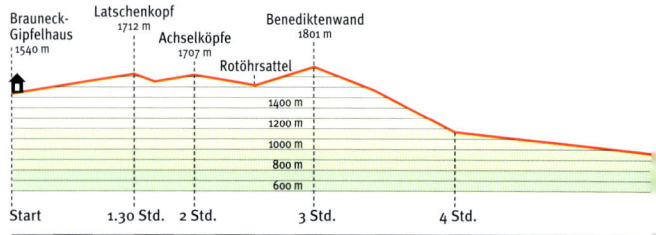

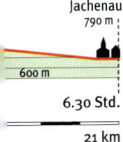

der an eine Fußwanderung des bayerischen Königs Max II. im Jahr 1858 erinnert; zum anderen bietet er einen herrlichen Ausblick auf die Parade der unzähligen Gipfel der Zillertaler und Stubaier Alpen im Süden.

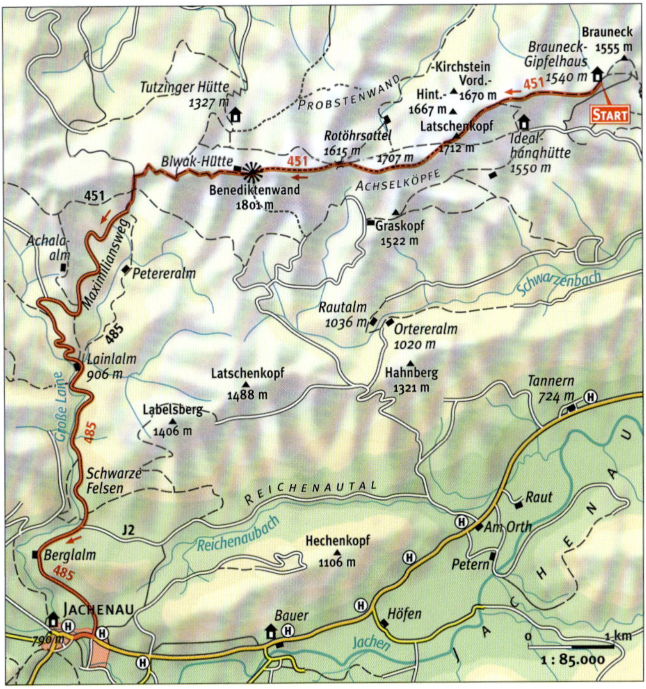

Vorbei am Skilift folgen wir dem kleinen Höhenweg, der mit rot-weißen oder roten Wanderzeichen deutlich gekennzeichnet ist. Links hinunter führen einfache Materiallifte, mit denen im Winter Sprengladungen über die Hänge gezogen werden, um gezielt Lawinen auszulösen. Eine wichtige Sicherheitsmaßnahme, denn das Brauneck ist ein beliebter Skiberg der Münchner. An allen Abzweigen weisen Hinweisschilder des Alpenvereins den richtigen Weg zur Benediktenwand. Nach rechts (Norden) bietet sich immer wieder eine schöne Aussicht in die Ebene, auf den Isarwinkel und auf Bad Tölz.

Bald haben wir den **Latschenkopf** (1.30 Std.) erreicht, einen flachen, aber sehr zerklüfteten Felsbuckel, der seinem Namen alle Ehre macht, denn er ist dicht mit Latschen bewachsen. Durch diese führt der Weg

31

Brauneck-Gipfelhaus

bergab und kurz über einen Grat bis zu einer Wegverzweigung. Beide Wege führen zur Benediktenwand und zur Tutzinger Hütte. Wir nehmen den linken Weg (bergauf), einen ausgesetzten Steig, der Trittsicherheit erfordert und über die aussichtsreichen **Achselköpfe** (2 Std.) führt. Beide Wege treffen auf dem **Rotöhrsattel** (2.20 Std.) wieder zusammen, teilen sich aber kurz darauf wieder. Falls das Wetter unvermutet umschlägt, geht man besser weiter geradeaus (bergab) zur Tutzinger Hütte und verzichtet auf den Aufstieg zur Benediktenwand.

Nach links (bergauf) geht es zum Ostaufstieg der Benediktenwand, den wir nun in Angriff nehmen. Drahtseile erleichtern den stellenweise recht steilen Aufstieg. Dicht am Kamm entlang erreichen wir schließlich den 1801 m hohen Gipfel der **Benediktenwand** (3 Std.).

Von hier aus bietet sich ein grandioser Rundblick: Im Süden bis weit nach Osten erheben sich die Stubaier und Zillertaler Alpen, die Hohen Tauern sowie das Karwendelgebirge.

Im Westen überragt die 2962 m hohe Zugspitze das ganze Wettersteinmassiv, und ein Stück weiter rechts, tief unter uns, liegt die Tutzinger Hütte. Das Kloster Benediktbeuern draußen in der Ebene hat dem Berg übrigens zu seinem Namen verholfen. Von diesem Urkloster Bayerns aus wurde die gesamte Umgebung kolonisiert.

Zum Abstieg folgen wir dem Weg in Richtung Tutzinger Hütte (rote Punkte) und biegen bei der nächsten T-Kreuzung links Richtung Jachenau ab (3.30 Std.). Der felsige Waldpfad führt in Serpentinen steil hinab. An den folgenden Abzweigen gehen wir immer Richtung Jachenau–Peterer-Alm. Am Ende gelangen wir auf einen Forstweg (4 Std.), der rechts abwärts bis in die Jachenau führt. Am Ufer des Baches Große Laine laden viele Stellen zur Rast oder zu einem erfrischenden Bad ein.

Wir treffen auf die Landstraße, halten uns rechts und erreichen die **Jachenau** (6.30 Std.). In der Ortsmitte befinden sich zwei Gasthöfe.

Über den Rißsattel nach Tirol

Von der Jachenau nach Hinterriß

Forstwege, sumpfige Wiesen und steile Waldpfade führen über den Rißsattel in das Rißtal und weiter auf einer Fahrstraße zum Fuß des Karwendelgebirges. Auf dem Weg nach Venedig ist Österreich erreicht und der deutsche Wegabschnitt damit geschafft.

DIE ETAPPE IN KÜRZE

++
Anspruch

6 Std.
Gehzeit

600 m
Anstieg

450 m
Abstieg

Charakter: Einfache, aber lange Tour, die beim Abstieg vom Rißsattel Trittsicherheit erfordert. Der Weg auf der Fahrstraße von Vorderriß nach Hinterriß ist ein langer Latscher.

Wanderkarte: Kompass-Wanderkarte 1:50 000 Nr. 182

Einkehrmöglichkeiten: Alpengasthof Vorderriß, 83661 Vorderriß, Tel.

08045/277 (auch Lager!); Oswaldhütte; Kaiserhütte

Unterkunft: Gasthof Zur Post, A-6215 Hinterriß, Tel. 0043/(0)5245/206

Hinweise: Das Besucherzentrum des Alpenparks Karwendel in Hinterriß hat von 11–18 Uhr geöffnet und informiert über die Bedeutung des Schutzgebietes.

Wir verlassen den Ortskern von Jachenau auf der Straße nach Lenggries (Osten) und biegen vor der Brücke über die Große Laine rechts in einen Rad- und Wanderweg Richtung Setzplatz Point ab. Der Weg führt am Ufer entlang, das dicht mit Eschen bewachsen ist. Nach rechts bietet sich eine schöne Aussicht auf die Kirche und die Bauernhäuser der Jachenau. Geradeaus erhebt sich bereits der Bergwald des Wilfetsberges, den wir heute in der ersten Tageshälfte zu überqueren haben. Bei einer kleinen Ansammlung von Häusern folgen wir dem Hinweisschild halbrechts Richtung Point Niggeln. Der Weg mündet kurze Zeit später in

ein Fahrsträßchen, das uns nach rechts an einigen Gehöften vorbei führt. Bei einem Rechtsknick der Straße fallen zwei schöne Bauernhäuser auf, von denen das linke einen kleinen Glockenstuhl auf dem Dach trägt. Mit der Glocke wurden früher die Feldarbeiter zum Essen gerufen. Vor dem Haus zweigt von dem Fahrsträßchen links ein Wirtschaftsweg in Richtung Bergwald ab, der uns zu einem weithin sichtbaren Gatter am Ende einer alten Steinbrücke führt. Wir passieren das Gatter – keine Angst vor den Kühen! – und folgen dem Pfad über die Wiese bis zum Schild des Wanderweges Nr. 490 (30 Min.) nach Vorderriß.

War die Wanderung bislang nur ein Spaziergang, geht es jetzt steil den Berghang hinauf. Schnell hat uns der schattige Bergwald verschluckt. Der Weg mündet auf einen Forstweg (1 Std.), dem wir weiter aufwärts bis zum nächsten Abzweig folgen. Dort halten wir uns links

nach Vorderriß über Lainer- und Luitpolder-Alm (blauer Punkt). Auf dem Weg durch den dichten Fichtenwald kommen wir auch an einigen Wiesen vorbei, auf denen zum Teil Wollgras wächst. Über einen Bachlauf hinweg gehen wir rechts an der **Lainer Alm** (1.30 Std.) vorbei. Weiter den blauen Markierungen folgend stoßen wir auf einen Waldpfad, der wenig später wieder auf den Forstweg mündet. Diesem folgen wir für ca. 500 m rechts und biegen dann wieder links ab in einen Waldweg Richtung Vorderriß (Schild). Nach der **Luitpolder-Alm** (2 Std.) führt der Weg ein Stück durch sumpfige Wiesen. Über einige kritische Stellen helfen Bretter hinweg. Der Weg lässt sich im hohen Gras nicht immer auf den ersten Blick erkennen, doch die blauen Wegemarkierungen an den Bäumen führen uns schließlich doch zum **Rißsattel** (2.30 Std.).

Das Geröllbett des oft wasserlosen Rißbaches erscheint von hier oben wie eine Wunde im satten Grün. Sein Wasser wird seit 1951 kurz vor der österreichischen Grenze, etwa 4 km südlich von hier, durch eine Wehranlage in einen Stollen abgeleitet, der unter dem Bett der Isar hindurch zum Walchensee führt und dort das Niedernachkraftwerk speist. Am Horizont erhebt sich die Bergkette des Karwendelgebirges. Deutlich ist die neben dem Kiesbett verlaufende Fahrstraße zu erkennen,

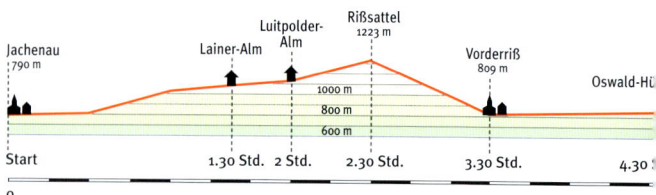

der wir noch 12 km bis nach Hinterriß folgen werden.

Der Abstieg nach Vorderriß ist trotz vieler Kehren steil und stellenweise nur wenige Fuß breit. Unterwegs erinnert eine liebevoll restaurierte Tafel an einen im Jahr 1841 verunglückten Holzarbeiter. Im Rißtal folgen wir der Straße nach links an der Mautstelle vorbei und gehen kurz darauf über die Brücke nach **Vorderriß** (3.30 Std.).

In Vorderriß bietet sich das Gasthaus Zur alten Post zur Einkehr an. Vom Gasthaus folgen wir der Straße rechts Richtung Hinterriß. Nach 5 km auf der meist leicht ansteigenden Strecke erreichen wir die **Oswald-Hütte,** einen Almniederleger (4.30 Std.), wo man sich noch einmal für den letzten Abschnitt stärken kann. Das erwähnte Rißbachwehr liegt übrigens nur wenige Minuten von der Oswaldhütte entfernt.

Weiter auf der Straße queren wir die Rißbach-Klamm über eine Brücke und überschreiten damit die Grenze nach Österreich. Über eine weitere Brücke geht es wieder zurück auf das östliche Ufer und vorbei an den Hütten der **Weitgrießalm** und der **Kaiserhütte** (5.15 Std.). Nach den Häusern der Sägemühle steigt die Straße am Ende nochmals an. Den Jäger- und Holzfällerort **Hinterriß,** die einzige ganzjährig bewohnte Siedlung im Karwendelgebirge, haben wir nach 6 Std. erreicht. Direkt neben der Kapelle auf der linken Seite befinden sich die beiden Gasthöfe.

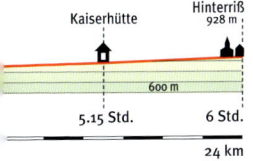

Tag 6

Wildes Karwendel

Von Hinterriß zum Karwendelhaus

Bayern und Tirol teilen sich eines der größten Gebiete ursprünglicher Natur im Herzen der Alpen: das Karwendel. Das schroffe Kalkgebirge trumpft nicht nur mit einer imposanten Bergkulisse auf, es besitzt auch botanische Raritäten wie den Großen und den Kleinen Ahornboden.

DIE ETAPPE IN KÜRZE

+
Anspruch

4.45 Std.
Gehzeit

1000 m
Anstieg

Charakter: Leichte Bergwanderung auf guten Bergwegen und Pfaden.

Wanderkarte: Kompass-Wanderkarte 1:50 000 Nr. 26

Einkehrmöglichkeiten: Unterwegs keine; Brunnen am Kleinen Ahornboden

Unterkunft: Karwendelhaus, 1765 m, Tel. 0043/(0)5213/56 23 (AV-Hütte Sektion Männer-Turnverein München; 48 Betten, 141 Lager; Anfang Juni–Mitte Okt.), unbedingt reservieren

Ende des ersten Tourenabschnitts: Vom Karwendelhaus gelangt man auf der Forststraße durch das Karwendeltal hinab nach Scharnitz (4.30 Std.). Von dort Rückfahrt mit der Bahn möglich (Strecke München–Garmisch-Partenkirche–Innsbruck).

Vorbei am Abzweig zum Besucherzentrum des Alpenparks in **Hinterriß** wandern wir zunächst einen guten Kilometer auf der Straße Richtung Engalm. Auf der linken Seite liegt verträumt das ehemalige Jagd-schloss des Herzogs von Coburg, der, alten Beschreibungen nach, einst wie ein König über die Berge und Täler geherrscht haben soll. Hinter dem Ortsausgang von Hinterriß schlagen wir gegenüber dem Park-

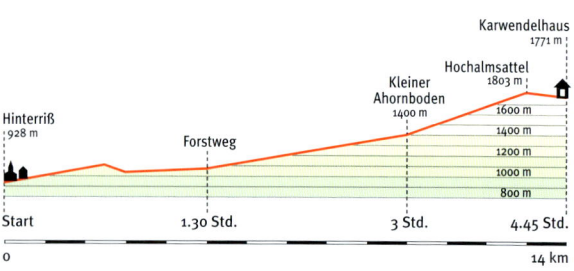

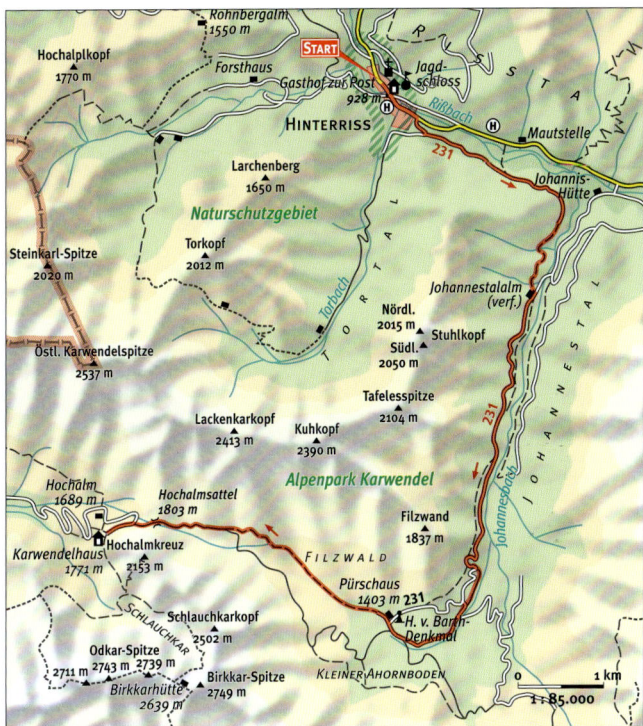

platz den sanft ansteigenden Forstweg rechts in Richtung Karwendelhaus/Kleiner Ahornboden ein. In der nächsten Rechtskurve folgen wir links einem Forstweg, der einst von der Jagdverwaltung des Herzogs von Coburg als Reitweg angelegt wurde. Er führt uns in Richtung Karwendelhaus, weiter sanft ansteigend, um das Luchsegg herum in das **Johannestal.**

Der Forstweg mündet in einen Pfad, auf dem wir einige etwas abschüssige Gräben und zwei Bachläufe queren. Bei der verfallenen **Johannestalalm** bietet sich ein herrlicher Ausblick auf die steil emporragende Falken-Gruppe jenseits des Tals. In leichtem Abstieg haben wir schon bald den Forstweg (1.45 Std.)

im Johannestal erreicht, dem wir weiter rechts hinauf in Richtung Karwendelhaus folgen. Mehrmals zweigen Pfade ab, die wir aber links liegenlassen, da sie nach kurzer Zeit doch wieder auf den Forstweg treffen.

Mühelos gewinnen wir an Höhe, begleitet vom Rauschen des Johannesbachs. Bevor der Forstweg vollends in Serpentinen übergeht, zweigt in einer Rechtskurve links ein Pfad in Richtung Kleiner Ahornboden/Karwendelhaus ab (2.30 Std.). Auf ihm gelangen wir wenig später wieder auf den Forstweg, der links hinauf zum lang erwarteten **Kleinen Ahornboden** führt (3 Std.). Das Landschaftsbild ist überaus beeindruckend: Um mehr als 1000 m über-

ragen die grau gebänderten Nordabbrüche von Kaltwasserkar- und Birkkarspitze den grünen Talboden, in dem einzeln oder in lockeren Gruppen die für das Kalkgebirge charakteristischen Ahornbäume stehen. Es finden sich knorrige Riesen mit dichten Baumkronen genauso wie junge Bäume mit nur armdicken Stämmen. Im Gegensatz zum großen Bruder bei der Engalm im Talgrund des Rißtals ist der kleine Ahornboden ein ruhiger, ursprünglicher Ort geblieben. Die Entstehungsgeschichte der Ahornböden ist bis heute noch umstritten. Eine Theorie besagt, dass als Folge von Überschwemmungen der Boden stark versandete, was Ahornbäume besser vertragen als Tannen, Fichten und Buchen. Eine andere Theorie bringt die Entstehung mit dem Dreißigjährigen Krieg zusammen. Aus Angst vor plündernden Söldnerheeren sollen viele Bau-

ern in den Jahren 1618–1648 ihre Höfe nicht verlassen und ihr Vieh nicht auf den Almboden getrieben haben. So konnten viele junge Ahornbäume groß werden, die sonst vom Vieh abgefressen oder zertreten worden wären.

Unweit der nicht bewirtschafteten Jagdhütten am rechten Talausgang erinnert eine Gedenktafel an Hermann von Barth, den Erschließer des Karwendels. Im Sommer 1870 erklomm er 88 Gipfel, 12 davon als Erstbesteiger. Dieser Leistung wird auch heute noch von Bergsteigern größter Respekt gezollt.

An den Jagdhütten vorbei folgen wir dem Forstweg weiter geradeaus Richtung Karwendelhaus und gelangen auf einem guten Weg weiter hinauf in das schwach ausgeprägte **Unterfilztal**. Nach dem Filzwald nimmt die Landschaft zunehmend alpinen Charakter an. Im Frühsom-

Am Ahornboden, im Hintergrund das Karwendel

den faszinierendsten der Alpen zählt sondern auch zu den unwegsamsten. Die vor Jahrmillionen auf eine Fläche von 900 km² zusammengeschobene Bergwildnis zwischen Scharnitz, Inntal, Achensee und Sylvenstein-Stausee hat sich bis heute allen Erschließungsversuchen widersetzt. Für weitläufige Skigebiete gibt es weder Gletscher noch geeignetes Gelände. Die meisten Bächen führen zu wenig Wasser, um für die Energiewirtschaft interessant zu sein. Zahlreiche Fahrwege für Alm-, Forstwirtschaft und Jagd führen zwar in die Täler hinein und hinauf zu den Almen, sind aber für den Individualverkehr gesperrt. Das Karwendel zählt somit heute zu einer der größten unbesiedelten Gegenden Mitteleuropas.

Bereits in den 1920er-Jahren wurden große Teile des Gebirges zum Naturschutzgebiet erklärt. Heute trägt das Schutzgebiet den Namen »Alpenpark Karwendel«. An die 800 Schmetterlings- und 1200 Käferarten sowie verschiedene Lurche und Reptilien haben hier ihr Verbreitungsgebiet. Als bekannteste Vertreter der Säugetiere findet man Hirsch, Steinbock, Reh, Gämse und Murmeltier. Früher gab es hier auch Bär, Wolf und Luchs, die inzwischen dem Menschen Platz machen mussten. Bei der Pflege des Alpenparks geht es neben dem Schutz der Tier- und Pflanzenwelt vor allem um die Versöhnung der wirtschaftlichen Interessen zwischen den vier widerstreitenden Gruppen Jagd, Forstwirtschaft, Almwirtschaft und Tourismus. Die Zukunft wird zeigen, ob das Karwendel als unbezahlbares Stück Natur erhalten bleiben kann.

mer ist auf den Bergwiesen alles an Bergblumen vertreten, was schön und selten ist: Schwalbenwurz-Enzian, Gletscher-Hahnenfuß, Alpen-Anemone und Zottiges Habichtskraut sind nur einige davon.

Am breiten, windigen **Hochalmsattel** haben wir den höchsten Punkt (4.30 Std.) erreicht. Auf dem breiten Weg bergab gehen wir bei allen Wegzweigen links und erreichen schließlich das **Karwendelhaus** (4.45 Std.).

Das Karwendel

Das Karwendel ist ein Gebirge, das den Menschen auf Distanz hält. Gewiss, es gibt Hütten und gut ausgebaute, markierte Wege, die quer durch das Gebirge laufen. Gleich daneben beginnt aber nicht selten eine Felslandschaft, die nicht nur zu

Tag 7

Die Königsetappe

Vom Karwendelhaus zum Hallerangerhaus

Diese Etappe ist sehr strapaziös und mit 9 Stunden auch die längste auf dem Weg nach Venedig. Vorbei am höchsten Gipfel des Karwendels, der 2756 m hohen Birkkarspitze, führt sie durch eine urweltliche Gebirgslandschaft zum Ursprung der Isar.

DIE ETAPPE IN KÜRZE

+++
Anspruch

9 Std.
Gehzeit

1450 m
An-/Abstieg

Charakter: Anstrengende, hochalpine Streckenwanderung, die viel Ausdauer verlangt. Die langen Auf- und Abstiege, besonders durch die Schuttkare, erfordern Trittsicherheit.

Wanderkarte: Kompass-Wanderkarte 1:50 000 Nr. 26

Einkehrmöglichkeit: Kastenalm

Unterkunft: Hallerangerhaus, 1768 m, mobil 0043/(0)664/272 80 71 (AV-Hütte Sektion Schwaben; 26 Betten, 70 Lager; Anfang Juni–Mitte Oktober); Hallerangeralm (Herrenalm) 1700 m,

Tel. 0043/(0)5213/52 77, mobil 0043/(0)663/576 83 (privat; 27 Betten, 50 Lager; Anfang Juni–Mitte Oktober)

Hinweise: Die Überquerung des Schlauchkarsattels sollte nur bei sicheren Wetterverhältnissen und Schneefreiheit unternommen werden. Ansonsten ist eine Umgehung über das Wendeltal, weiter zum Wiesenhof und dann über das Hinterautal ratsam. Wegen der langen Gehzeit und dem hochalpinen Charakter ist ein Aufbruch um 7 Uhr empfehlenswert.

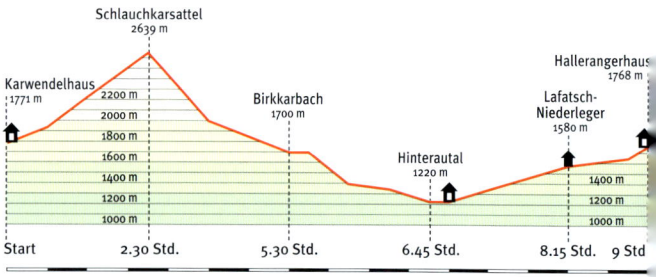

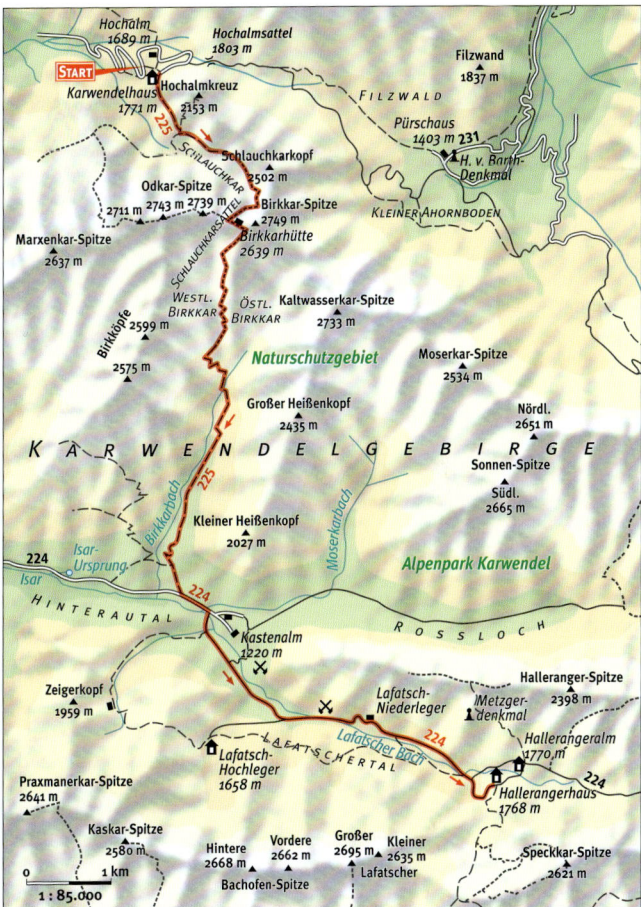

Vom **Karwendelhaus** folgen wir dem steilen Steig direkt hinter dem Holzschuppen rechts hinauf in Richtung Hallerangerhaus/Birkkarspitze. Stellenweise sind Drahtseile gespannt, an denen man sicheren Halt findet. Bald schon entlassen uns die Latschenkiefern in das **Schlauchkar**, eine riesige Geröllhalde, in die sich so früh am Morgen noch kein Sonnenstrahl verirrt. Uns wird aber trotzdem warm, denn der folgende lange Aufstieg ›schlaucht‹ gewaltig.

Bei der Weggabelung halten wir uns links Richtung Hochalm-Kreuz und kurz darauf wieder rechts, immer am Hang entlang. Im Geröllfeld weisen rote Punkte den Weg, mal besser und mal weniger gut zu sehen. Vielleicht sind an den Hängen einige Gämsen auszumachen, die erstaunlicherweise hier immer noch etwas zu fressen finden. Weiter oben wird das Geröll grober und die Orientierung unter Umständen schwieriger. Im Zweifelsfall halten wir uns immer in Richtung der kleineren Schneefelder weiter oben, die wir noch queren werden.

Nach einem guten Stück Arbeit stehen wir auf dem **Schlauchkarsattel** (2.30 Std.). Der Blick zurück nach Norden reicht bis zur Benediktenwand. Bei guter Fernsicht ist sogar das Brauneck-Gipfelhaus zu sehen. Nach Süden bietet sich ein grandioser Ausblick auf die verschneiten Gipfel der Tuxer- und Zillertaler Alpen.

Von hier führt über den Westgrat eine gut ausgebaute und gesicherte Steiganlage zum höchsten Gipfel des Karwendel, der Birkkarspitze (2749 m). Angesichts der Länge der heutigen Etappe bleibt für den Gipfel aber keine Zeit.

Das erste Stück hinunter zum westlichen Birkkar führt über einen steilen Steig, der wieder durch rote Punkte markiert ist. Das Gehen erfordert volle Konzentration, denn das Gestein ist stellenweise lose. Gelegentlich helfen Stahlseile, sicheren Halt zu behalten. Der Steig geht dann in einen Pfad über, der uns über Geröll zu einem Schneefeld am Fuß des **Westlichen Birkkars** führt (4.15 Std.). Wir überqueren das Schneefeld an der Stelle, wo der Pfad mündet, und folgen dem steinigen Weg weiter abwärts.

Die Landschaft ist einsam und wild, Raum und Zeit entrückt. Die Kare und Wände um uns herum legen den Gedanken nahe, dass das Gebirge seinen Namen von den »Karwändeln« erhalten habe. Die Namensforschung leitet ihn allerdings vom altdeutschen Personennamen *Gerwentil* ab – ein Mann dieses Namens habe hier Grundbesitz gehabt. Beim Blick hinunter ins Tal sehen wir deutlich den Wanderweg. Wieder geht es in Serpentinen ein Geröllfeld

bis zu einem Schneefeld hinab, das von Latschenkiefern umgeben ist. Wir queren problemlos den **Birkkarbach** (5.30 Std.) und folgen weiter den roten Markierungen. Eine Zeit lang wechseln sich nun Ansammlungen von Latschenkiefern und Geröllfelder ab. Gelegentlich geht es an Schneefeldern vorbei, die tunnelgroß unterhöhlt sind. Hier rauscht das türkisfarbene Gletscherwasser wie ein geisterhafter Fluss, der kurz erscheint und dann wieder unter den Eismassen verschwindet.

Nach einem langen Abstieg von über 1500 Höhenmetern haben wir schließlich den Talgrund des **Hinterautals** (6.45 Std.) erreicht. Nicht weit von hier entspringt die Isar. Wir queren das trockene Bachbett nach links und gehen auf dem Forstweg weiter links Richtung Hallerangerhaus. Vom Talboden aus bietet sich ein herrlicher Ausblick auf die nahen Berghänge, deren hell schimmernde Felsen im Kontrast zum satten Grün der Wiesen und Bäume, vor allem Fichten, stehen. An der folgenden Kreuzung des Forstweges (7 Std.) weist ein Hinweisschild zum Hallerangerhaus und zur **Kastenalm.**

Die einfache bewirtschaftete Alm ist herrlich gelegen und die Einkehr sehr zu empfehlen. Der Weg dorthin (10 Min.) führt über weichen Waldboden, vorbei an einer großen Wiese, auf der knorrige Ahornbäume stehen, die wir wie alte Freunde begrüßen. Nach Osten, am Fuß des Reps, ist ein glatt aufgerichteter Geröllkegel zu sehen; er verrät uns, dass hier einmal Silber, im Zweiten Weltkrieg auch Zink und Blei abgebaut wurden. Erst 1956 wurde der Betrieb eingestellt.

Zurück auf dem Forstweg beginnt der langgezogene Aufstieg zum Hallerangerhaus. Das erste Stück ist

Im Aufstieg zum Schlauchkarsattel

sehr steil, sodass wir der Kastenalm schon bald auf das Dach blicken können. Die Landschaft bezaubert durch Ihren wildromantischen Charakter, besonders im warmen Licht der tief stehenden Sonne. Wir halten uns immer auf dem Hauptweg und gehen nur beim Hinweisschild »Steg« nach links, um trockenen Fußes den Lafatscher Bach zu queren.

Nach dem schön gelegenen und sehr gepflegten **Lafatsch-Nieder-** **leger** (8.15 Std.) erreichen wir eine Hochebene, in deren Mitte eine große Lärche steht. Rechts überragt die 700 m hohe Steilwand des Lafatschers den Talgrund, linker Hand brummt in einem Betonhäuschen ein Dieselaggregat, ein Hinweis, dass es nicht mehr weit sein kann. Nach dem Hinweisschild zur Hütte beginnt das letzte Wegstück hinauf zum **Hallerangerhaus** (9 Std.).

8

Tag

Über das Lafatscher Joch ins Inntal

Vom Hallerangerhaus nach Hall in Tirol

Die letzte Etappe im Karwendel führt über den südlichsten Hauptkamm des Gebirges. Neue Berge erscheinen am Horizont. Anstrengender als der Aufstieg zum Lafatscher Joch ist der Abstieg ins Inntal. Besonders die Strecke auf der Straße von Absam nach Hall in Tirol erfordert eine gewisse Zähigkeit.

DIE ETAPPE IN KÜRZE

++
Anspruch

5.15 Std.
Gehzeit

350 m
Anstieg

1550 m
Abstieg

Charakter: Einfache, jedoch durch den langen Abstieg vom Lafatscher Joch nach Hall i. T. und viele Straßenkilometer anstrengende Wanderung. Beim Abstieg durch den Wald ist stellenweise Trittsicherheit erforderlich.

Wanderkarten: Kompass-Wanderkarte 1:50 000 Nr. 26

Einkehrmöglichkeit: Gasthof St. Magdalena

Unterkunft: In A-6060 Hall i. T.: Parkhotel Hall, Thurnfeldgasse 1, Tel. 0043/(0)5223/546 53 (zentral); Gasthof Schatz, Innsbrucker Straße 62, Tel. 0043/(0)5223/579 94 (ca. 1 km außerhalb Richtung Innsbruck); Gasthof Badl, Innbrücke 4, Tel. 0043/(0)5223/567 84 (außerhalb, andere Innseite)

Touristeninformation Hall: Wallpachgasse 5, Tel. 0043/(0)5223/569 29

Direkt gegenüber dem **Hallerangerhaus** beginnt der bequeme Weg hinauf zum Lafatscher Joch. Das Landschaftsbild beim gemächlichen

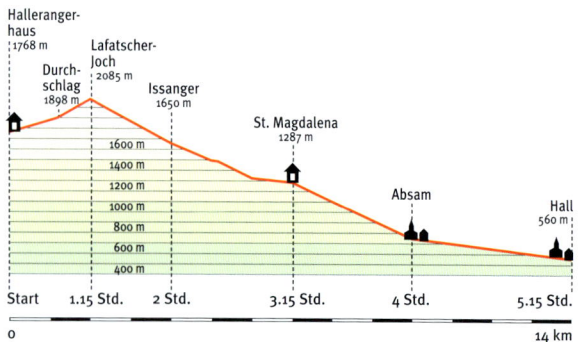

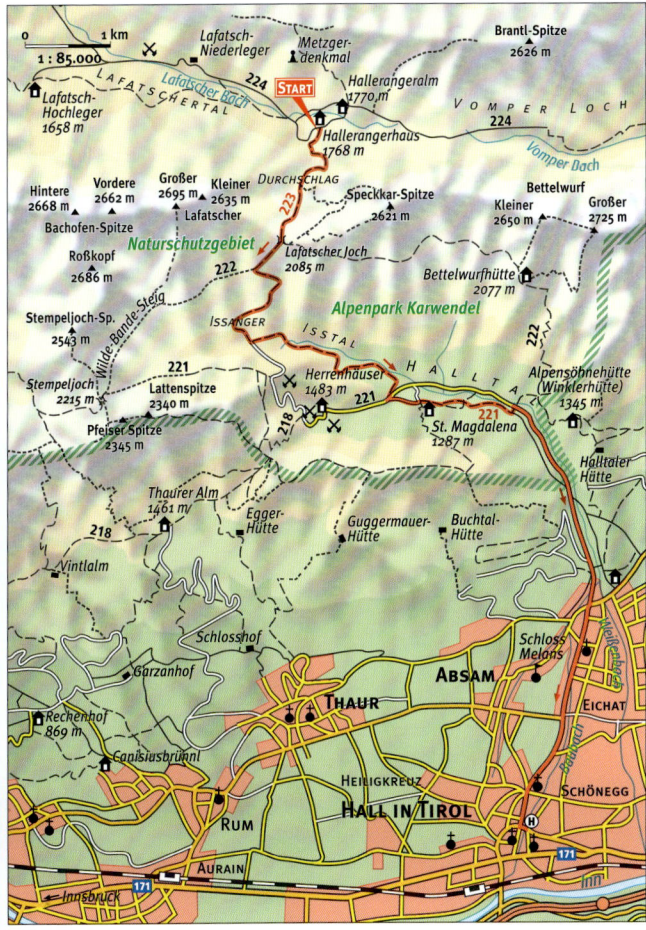

Aufstieg wird vom mächtigen Berg-massiv des Großen Lafatschers be-stimmt. Die hellen Kalkfelsen bilden einen kräftigen Kontrast zum Him-mel. Die hohen Steilwände an der Südseite des Großen Lafatschers liegen am frühen Morgen noch im Schatten. Nicht selten kann man in den Spalten der Kalktafeln trotzdem Kletterer beobachten und hören.

Auf einem Steig gelangen wir zum **Durchschlag** (40 Min.). Hier sind die steten und gewaltigen Kräfte der Verwitterung besonders gut zu se-hen: Der brüchige Kalkfels um uns herum ist zu Brocken und Geröll zer-fallen, und die ausgefranste Kamm-linie der Speckkar-Spitze erinnert stellenweise an riesige Orgelpfeifen. Nach dem Durchschlag wird der Weg wieder breiter. In der grauen Fels-welt kommen die Alpenblumen am Wegesrand richtig zur Geltung; be-sonders zahlreich vertreten sind der

Gasthaus St. Magdalena im Halltal

dunkelblaue Schwalbenwurz-Enzian und etliche Glockenblumen. Nach rechts bietet sich ein herrlicher Ausblick in das Lafatschertal bis zum Lafatsch-Niederleger.

Der weitere Aufstieg über den Sattel erfolgt gemächlich auf einem gut angelegten Weg. Beim Hinweisschild zur Speckkar-Spitze laufen wir weiter geradeaus, vorbei an den steindurchsetzten Hängen des Lafatschers und der Speckkar-Spitze. In den Steinfeldern sind mit etwas Glück und Aufmerksamkeit äsende Gämsen zu sehen.

Ein besonderer Moment auf der Wanderung über die Alpen ist immer wieder das Überschreiten eines Sattels oder eines Grateinschnitts: Dann tut sich ein Horizont voller neuer Gipfel auf. Dies ist auch beim **Lafatscher Joch** (1.15 Std.) der Fall. Über dem Inntal erheben sich von links nach rechts: der hohe Riffler, der Olperer und die Gefrorene-Wand-Spitzen im Tuxer Hauptkamm sowie die Stubaier Alpen. Am kargen Berghang rechts sehen wir das Stempeljoch, über das einst das Holz für die »Stempel«, die Strebepfeiler für das alte Salzbergwerk in Hall transportiert wurde.

Wir gehen nicht rechts auf dem Wilde-Bande-Steig zum Joch, sondern weiter geradeaus auf dem Weg Nr. 223 in Richtung Herrenhäuser/Issanger/Halltal. Der Weg führt durch dichte Latschenfelder den Hang hinab zum **Issanger** (2 Std.). Hier wenden wir uns nach links, um durch das zauberhafte Isstal, größtenteils entlang dem Issbach, in das Halltal abzusteigen. Der gut begehbare Pfad führt mal über saftige Wiesen, mal durch schattigen Wald.

Links oben in der Flanke des Bettelwurfs kann man das rote Dach der Bettelwurfhütte erkennen.

Nach der breiten Holzbrücke über den tosenden Issbach folgen wir jenseits der Fahrstraße dem Wirtschaftsweg weiter zum einfachen Gasthaus **St. Magdalena** (3.15 Std.). Ein Schild am großen Ahornbaum direkt am Gasthof weist uns den wei-

teren Weg nach Absam, einem Vorort von Hall in Tirol.

Auf dem mit roten Punkten markierten Weg halten wir uns bei Wegzweigen immer links. Stellenweise geht es recht steil abwärts durch den Wald, bei trockenem Wetter bleibt der Pfad aber gut begehbar. Wir treffen schließlich auf eine Fahrstraße (3.30 Std.), die weiter hinab nach **Absam** (4 Std.) führt. Das Stück auf der Straße bis zur Innenstadt von Hall zieht sich von hier noch wie Kaugummi: Es scheint kein Ende in Sicht. Erst eine Kastanienallee kündigt das nahe Ende an. Dann sind wir endlich in **Hall in Tirol** (5.15 Std.). Zum neuen Parkhotel Hall geht es am zweiten Verkehrskreisel links und die nächste Straße wieder links.

Wo Steine glucksen

Von Hall in Tirol zur Lizumer Hütte

Das Inntal trennt die Nördlichen Kalkalpen von den Zentralalpen. Anstelle des Kalksteins mit seinen Geröllkaren tritt jetzt dunkles Urgestein zu Tage, auf dem sich Almböden bis weit hinauf in die Hochgebirgsregion ziehen. Rund um den Glungezer findet sich eine stille Landschaft mit reizvoller Flora.

DIE ETAPPE IN KÜRZE

+++
Anspruch

Charakter: Lange, anstrengende Tour. Die Bergwege zum Naviser Jöchl sind selten begangen und erfordern Trittsicherheit.

9 Std.
Gehzeit

Wanderkarten: Kompass-Wanderkarte 1:50 000 Nr. 36

1250 m
Anstieg

Einkehrmöglichkeiten: Steinkaseralm (nicht immer geöffnet); Wasser (Bach) in der Nähe der Gwannschafalm.

950 m
Abstieg

Unterkunft: Lizumer Hütte, 2019 m, Tel. 0043/(0)5224/521 11, mobil 0043/(0)664/138 64 01 oder 0043/(0)664/504 26 67 (AV-Hütte Sektion Hall i. T.; 40 Betten, 40 Lager; Mitte Juni–Mitte Okt.)

Fahrzeiten: Glungezerbahn 8.30–12, 13–16.30 Uhr (Sa, So, Fei bis 17 Uhr), Tel. 0043/(0)5223/783 21. Von der Haltestelle gegenüber dem Parkhotel fahren Busse bis zur Glungezerbahn in Tulfes.

Achtung: Die Lizumer Hütte liegt im Militärsperrgebiet, bei Übungen wird scharf geschossen. Info über geplante Militärübungen beim Hüttenwirt oder beim Kommando (Tel. 0043/(0)502 01/644 20 10).

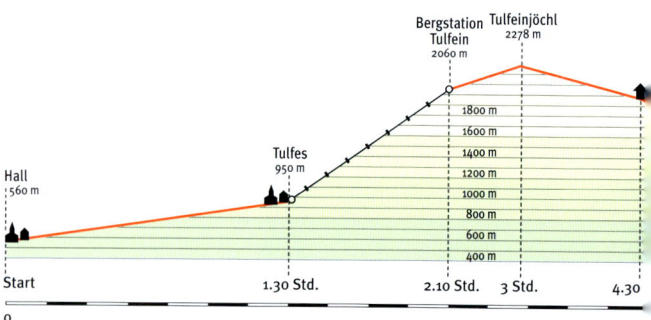

Vom Unteren Stadtplatz in **Hall** gehen wir zunächst über die Innbrücke. Von hier bietet sich ein schöner Blick auf das Wahrzeichen der Stadt, den Münzerturm der Burg Hasegg. In leichtem Anstieg geht es links entlang der Fahrstraße Richtung Glungezerbahn, die wir vorbei an idyllisch gelegenen Anwesen im Ort **Tulfes** (1.30 Std.) erreichen. Der Sessellift hievt uns in nur 15 Min. die 610 Höhenmeter bis zur **Mittelstation Halsmarter** hinauf. Hier steigen wir in einen Einzelsessellift um (der Rucksack muss auf den Schoß genommen werden), der uns in weiteren 20 Min. zur **Bergstation Tulfein** in 2060 m Höhe bringt.

Von der Bergstation folgen wir einem Pfad nach links Richtung Naviser-Jöchl und gehen über eine Wiese (im Winter Skipiste) aufwärts bis zu einem Wirtschaftsweg. Nach Norden bietet sich ein atemberaubender Rückblick auf das Karwendel. Die Nordkette ist ein Gewirr von Zacken und Türmen und endlosen Graten. Trotzdem ist das Lafatscher-Joch, über das wir nach Hall abgestiegen sind, deutlich zu erkennen. Im Inntal ist außerdem Innsbruck zu sehen, die Hauptstadt von Tirol.

Auf dem Wirtschaftsweg erreichen wir nach wenigen Minuten das Ende eines Liftes und weiter aufwärts Richtung Naviser-Jöchl das **Tulfeinjöchl** (3 Std.). Hier über der Baumgrenze schaffen es nur noch Gräser und Moose, sich gegen den Fels zu behaupten. Der weitere Weg zum Naviser-Jöchl ist rot-weiß markiert und schlängelt sich rechts am Hang des Voldertals entlang. Alpenrosen und Blaubeersträucher säumen den an einigen Stellen ausgesetzten Pfad, der Trittsicherheit und konzentriertes Gehen erfordert. Dies gilt auch für die Querung einiger kleiner, mit Schmelzwasser durchsetzter Kare. Der Name des Glungezer soll sich übrigens vom Wort ›Glucksen‹ ableiten: dem Geräusch des Wassers, das hier und da unter dem groben Blockwerk zu hören ist.

Das Gelände ist ideal für Murmeltiere, die hier im weichen Boden ihre Bauten graben können und zwischen den Felsblöcken Schutz finden. Oft ist nicht mehr als ein lauter Pfiff von ihnen wahrzunehmen. Eine Abfolge derartiger Schreie deutet auf eine Gefahr am Boden hin, womit in der Regel wir gemeint sein dürften.

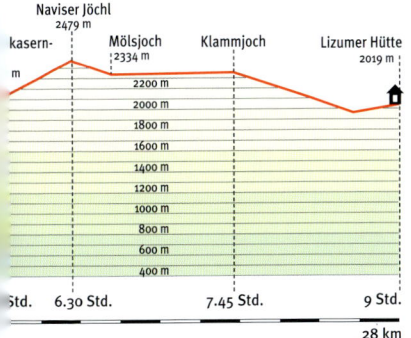

Die verlassene **Gwannschafalm** (4.30 Std.) dient heute nur noch als behelfsmäßige Schutzhütte, die Unterstand bei schlechtem Wetter bietet. Zwischen großen Felsbrocken hinter der Alm stiebt ein kraftvoller Wasserfall und durchbricht mit seinem Getöse die Stille der Bergwelt. Bevor es über den Bach geht, sollte man die Trinkflaschen noch einmal auffüllen, es ist die letzte Gelegenheit. Ein Hinweisschild und die rot-weißen Wegmarkierungen leiten uns weiter am Berghang entlang Richtung Steinkasernalm. Vereinzelt stehen Zirbelkiefern, die im Gebiet des Glungezer und Patscherkofel ihren größten Bestand im Bereich der Ostalpen aufweisen. Das Holz dieses knorrigen Nadelbaums ist seit jeher begehrt für Musikinstrumente, Schnitzereien und Möbel. Der einstmals ansehnliche Bestand ist deshalb vielerorts auf ein kläglich Überbleibsel geschrumpft.

Bei der bewirtschafteten **Steinkasernalm** (4.50 Std.) sind endlich wieder die Glocken der Kühe zu vernehmen. Es geht weiter den Wirtschaftsweg bergauf und dann den rot-weißen Markierungen Richtung Lizumer Hütte nach. Der Pfad hinauf zum Joch ist sichtlich selten begangen. Einige Steinmänner erleichtern die Orientierung, ansonsten wählt man über die mit Steinen durchsetzte Bergwiese einen eigenen Weg.

Auf dem **Naviser Jöchl** (6 Std.) bietet sich ein schöner Ausblick auf den Tuxer Hauptkamm mit dem Hohen Riffler, dem Olperer und den Gefrorene-Wand-Spitzen. Die karge Landschaft hier oben gleicht einer Steinwüste, in der sich viele Gesteinsformen betrachten lassen. Besonders auffällig sind mit Flechten und Moosen bewachsene Felsblöcke, ein Zeichen dafür, dass wir uns bereits im

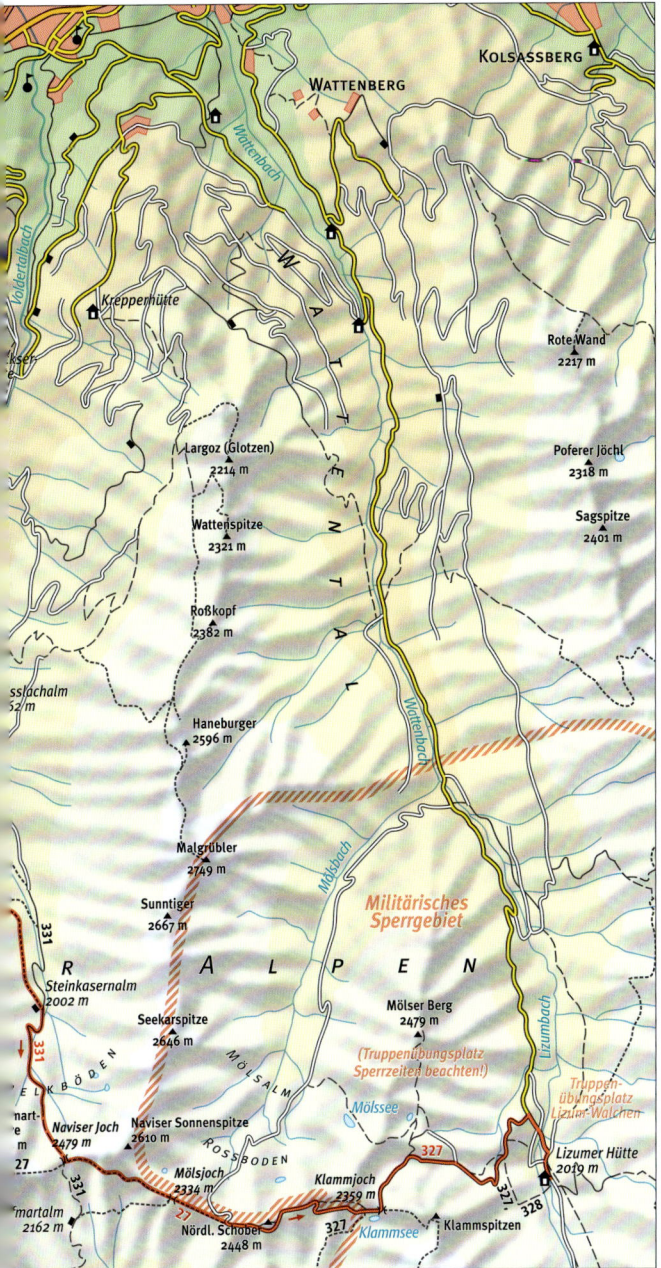

KOLSASSBERG

WATTENBERG

Wattenbach

Volderdalbach

Kreppernhütte

Rote Wand
2217 m

Poferer Jöchl
2318 m

W
A
T
T
E
N
T
A
L

Largoz (Glotzen)
2214 m

Wattenspitze
2321 m

Sagspitze
2401 m

Roßkopf
2382 m

Wattenbach

Haneburger
2596 m

sslachalm
52 m

Mölsbach

Malgrübler
2749 m

**Militärisches
Sperrgebiet**

Sunntiger
2667 m

R   A   L   P   E   N

331

Steinkasernalm
2002 m

Mölser Berg
2479 m

Seekarspitze
2646 m

*(Truppenübungsplatz
Sperrzeiten beachten!)*

331

Mölssee

Lizumbach

**Truppen-
übungsplatz
Lizum-Walchen**

E L K B Ö D E N

M Ö L S A L M

Naviser Joch
2479 m

Naviser Sonnenspitze
2610 m

R O S S B O D E N

327

Lizumer Hütte
2019 m

27

331

Mölsjoch
2334 m

Klammjoch
2359 m

327

321   328

martalm
2162 m

Nördl. Schober
2448 m

327

Klammsee

Klammspitzen

Blick auf Hall vor der Nordkette des Karwendelgebirges

Bereich der Zentralalpen befinden: Anders als Kalk zerfällt der kristalline Fels, zumeist Gneise und Schiefer, nicht in kleine Splitter und Trümmer, sondern hauptsächlich zu großen Brocken.

Vom Joch folgen wir der Markierung (rote Farbtupfen im weißen Kreis) nach links und betreten kurz darauf militärisches Sperrgebiet. Schilder warnen davor, den markierten Weg zu verlassen. Der Hinweis »Achtung Lebensgefahr« ist durchaus ernst zu nehmen, Munitionshülsen auf dem Weg bezeugen es. Beim Wegzweig, wo es links zur Naviser Sonnenspitze geht, bleiben wir weiter geradeaus. Über Bergwiesen und Fels führt uns der bequeme Weg hinab zum **Mölsjoch** (6.45 Std.).

Hier folgen wir dem Wirtschaftsweg rechts bis zum **Klammjoch** (7.45 Std.), bei dem sich auch der gleichnamige Bergsee befindet. Kurz darauf passieren wir zwei Stallungen und können dann von der nächsten Anhöhe aus im Talgrund die Bauten des österreichischen Militärs und – seltsamerweise besser getarnt – auch das grün patinierte Dach der Lizumer Hütte erkennen. Der Wirtschaftsweg schlängelt sich in Serpentinen das Tal hinab und führt an den Militärgebäuden vorbei zur **Lizumer Hütte** (9 Std.).

Tag 10

Einsame Tuxer Alpen

Von der Lizumer Hütte zum Tuxer-Joch-Haus

Nach dem Aufstieg zum Pluderling-Sattel bietet sich ein herrliches Panorama des Tuxer Hauptkamms. Im Mittelpunkt steht der Hintertuxer Gletscher, auf dem sich ein Sommerskigebiet befindet, das von vielen Skifahrern geschätzt wird.

DIE ETAPPE IN KÜRZE	
++ Anspruch	**Charakter:** Mittelschwere Bergwanderung auf guten Wegen. Der Aufstieg zum Pluderling-Sattel und der Abstieg in das Weitental über Grashänge erfordern Trittsicherheit.
6.30 Std. Gehzeit	
	Wanderkarte: Kompass-Wanderkarte 1:50 000 Nr. 36 oder 37
1200 m Anstieg	
	Einkehrmöglichkeiten: Keine – deshalb in der Lizumer Hütte mit ausreichend Proviant und Getränken versorgen (keine Bäche unterwegs).
900 m Abstieg	

Unterkunft: Tuxer-Joch-Haus, 2313 m, Tel. 0043/(0)5287/872 16 (Hütte des österreichischen Touristenklubs ÖTK; 13 Betten, 33 Lager; Mitte Juni–Anfang Okt.)

Hinweise: Die Lizumer Hütte befindet sich in militärischem Sperrgebiet. An Tagen mit Schießübungen muss bereits um 6 Uhr aufgebrochen werden, damit das Sperrgebiet noch rechtzeitig verlassen werden kann. Der Hüttenwirt gibt nähere Auskunft.

Wir verlassen die **Lizumer Hütte** und queren auf einem Pfad die vor der Hütte liegende, mit großen Felsbrocken durchsetzte Wiese. Nach kurzer Zeit ist ein Wirtschaftsweg erreicht, den wir ebenfalls queren, um in Richtung Junsjoch weiter zu gehen. Der rot-weiß markierte Weg führt direkt auf den Tuxer-Voralpenberg Geier zu, der gemeinsam mit den höchs-

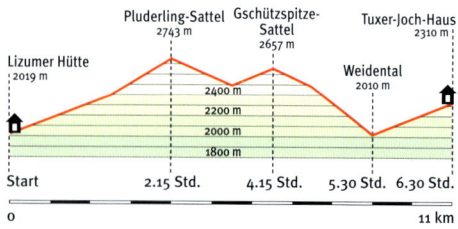

ten Gipfeln der näheren Umgebung – links die Tor- und Kalkwand, rechts die Lizumer Sonnenspitze – als erster vom morgendlichen Sonnenlicht erreicht wird.

Der weitere Weg hinauf über den **Melkboden** führt durch ein ausgedehntes Felsgelände, das stellenweise mühsam erklommen sein will, besonders im steilen oberen Abschnitt. Beim Blick ins Tal sind in der Ferne die schimmernden Kalkwände des Karwendels zu sehen; sie sind schon eine ferne Erinnerung. Die Belohnung der Mühen erfolgt auf dem **Pluderling-Sattel** (2.15 Std.). Hier bietet sich ein herrlicher Blick auf die Gipfel des vor uns liegenden Tuxer Hauptkamms, der vom Hintertuxer Gletscher zwischen der Gefrorenen-Wand-Spitze (links) und dem Olperer dominiert wird. Zur Linken erheben sich die Kitzbühler, zur Rechten die Stubaier Alpen. Der tiefer unter uns gelegene türkisfarbene Junssee funkelt in der tristen Felslandschaft wie ein Edelstein.

Vom Sattel führt ein Pfad den mit Schutt bedeckten Hang hinab. Der Weg Richtung Tuxer Joch ist gut ausgeschildert (Weg Nr. 323, rot/weiße Markierung), sodass die Orientierung keine Probleme bereitet. Vorbei an einzelnen Bergkuppen geht es über einige Bächlein hinweg, in deren Nähe viele Alpenkratzdisteln stehen, deren blassgrüne, dornig gezähnte Blätter im Sonnenlicht glänzen, eine willkommene Abwechslung in der sonst kargen Landschaft, die nicht zu Unrecht den Namen »Tote Böden« trägt.

Der steinige, stets gut begehbare Weg führt uns schließlich zum **Gschützspitze-Sattel** (4.15 Std.) hinauf. Von hier führt der Weg links auf nahezu gleicher Höhe bleibend unterhalb des Kamms der Geschütz-

spitze weiter. Das schöne Bergpanorama zwingt dabei immer wieder zu Ruhepausen, die wir uns heute reichlich leisten können. In der Nähe der Wandspitze macht der Weg Nr. 323 einen Rechtsknick und führt geradewegs als Steig den steilen Grashang in das grüne **Weitental** (5.30 Std.) hinunter.

Der weitere Weg stellt jetzt keine große Herausforderung mehr dar. In leichtem Anstieg führt er rechts durch das Tal direkt hinauf zum **Tuxer-Joch-Haus** (6.30 Std.).

Wie ein Edelstein glänzt der Junssee

Die Tuxer Alpen

Die Tuxer Alpen, auch Tuxer Voralpen genannt, sind ein verhältnismäßig wenig besuchtes Bergrevier in der Nachbarschaft der Zillertaler Alpen. Während im nördlichen Teil weiche Landschaftsformen vorherrschen, nehmen im Süden die Berge markantere Gestalt an. Grund dafür ist der andere geologische Aufbau: Im Bereich der widerstandsfähigen Gneise hat die Erosion kühne Gipfelformen und scharfe Grate geschaffen, während andere Gipfelregionen aus Schiefergestein von den früheren Eismassen abgehobelt und abgerundet wurden. Das Tuxer Tal gehörte bis zu Beginn des modernen Fremdenverkehrs zu einem der ärmsten Täler Tirols. Heute besitzt das Dorf Hintertux ein Thermalbad und ein Sommerskigebiet unter dem Olperer, in dem viele Ski-Nationalmannschaften trainieren.

Über die Friesenbergscharte

Vom Tuxer-Joch-Haus zur Olpererhütte

Die Friesenbergscharte ist der höchste Punkt des Weges von München nach Venedig. Allerdings spart die Fahrt mit der Gondel zum Spannagelhaus Kraft und Zeit für einen Abstecher zum geschichtsträchtigen Petersköpfl. Vom Berliner Höhenweg bietet sich abschließend ein großartiges Panorama des Zillertaler Hauptkamms.

DIE ETAPPE IN KÜRZE

++
Anspruch

4.30 Std.
Gehzeit

400 m
Anstieg

950 m
Abstieg

Charakter: Anstrengende hochalpine Tour. Die Überquerung der Friesenbergscharte erfordert Trittsicherheit, besonders auf dem kurzen Abstieg über einen ausgesetzten, teilweise gesicherten Steig direkt nach der Scharte.

Wanderkarte: Kompass-Wanderkarte 1:50 000 Nr. 37

Einkehrmöglichkeiten: Spannagelhaus, Friesenberghaus (keine Bäche unterwegs)

Unterkunft: Olpererhütte 2389 m, Tel. 0043/(0)664/ 417 65 66 (DAV-Hütte Sektion Neumarkt/Oberpfalz; 20 Betten, 40 Lager; Anfang Juni–Anfang Okt.).

Fahrzeiten: Seilbahn von der Sommerbergalm zum Tuxer-Ferner-Haus Ende Juni–Mitte Sept. tägl. 8.30–17.30 Uhr; Auffahrt etwa 15 Min.; Fahrkarten im Restaurant der Sommerbergalm. Für den zweistündigen Fußmarsch hinauf zum Spannagel-Haus folgt man von der Sommerbergalm dem weithin sichtbaren Wirtschaftsweg links vorbei an den Eisbrüchen des Gletscherbeckens.

Vom **Tuxer-Joch-Haus** gehen wir den Wirtschaftsweg hinab zur **Sommerbergalm** (20 Min.). Während der Fahrt in einer der modernen Gondeln hinauf zum Tuxer-Ferner-Haus können wir aus luftiger Höhe den imposanten Blick auf Moränen, Gletscher und Eisbrüche unter und vor uns genießen. Von der Bergstation am **Tuxer-Ferner-Haus** führt vom Ausstieg links ein Weg zu dem auf einem steilen Felskopf gelegenen **Spannagelhaus** (45 Min.) hinab.

Hier beginnt der Wanderweg Nr. 526 zur Friesenbergscharte. Nach nur wenigen Metern ist von der hektischen Betriebsamkeit rund um die Gletscherbahn nichts mehr zu spüren, und wir können die Ruhe und Einsamkeit des Hochgebirges genießen. Der Blick empor zur Scharte lässt eine karge, mit Firnfeldern durchsetzte Steinlandschaft erkennen. Um so mehr erfreuen die gelben Blüten der Großblütigen Gämswurz und die einer Margerite gleichende Alpen-Wucherblume, die hier zahlreich am Wegesrand stehen.

Ohne Schwierigkeiten queren wir nach kurzer Wegstrecke einen Gletscherbach über eine schwingende, mit Drahtseilen gesicherte Holzbrücke. Der gute, rot-weiß markierte Steig führt uns weiter hinauf über eine Zunge des **Gefrorenen-Wand-Keeses** zu einem schmalen Moränenrücken; einem »Kees«, wie man in den Zillertaler Alpen sagt. Es geht über grobes Geröll und durch Blockwerk hinauf zum Firnfeld unterhalb der Friesenbergscharte. Der Weg über den verharschten Schnee ist leicht und nur mäßig ansteigend. Erst danach wird es unwegsamer und steiler. Die Markierungen können verschüttet sein, sodass eventuell etwas Orientierungssinn erforderlich ist; die Scharte ist aber nicht zu verfehlen.

Die letzten Meter sind die mühsamsten, dann ist es geschafft: Wir stehen in dem schmalen Übergang der **Friesenbergscharte** (2.30 Std.) und haben damit den höchsten Punkt auf unserem Weg nach Venedig erreicht. Vor uns öffnet sich wieder ein neuer Ausblick: Kühn erheben sich die dunklen Grate und die mit gleißenden Firnfeldern besetzten Gipfel des Zillertaler Hauptkamms vor uns. Die Eisströme haben die Täler in diesem Teil der Alpen tief eingeschnitten und verleihen den in Ost-West-Richtung verlaufenden Kämmen eine dramatische Silhouette. Rechts im Tal liegt der türkisfarbene Schlegeisspeicher, direkt unter uns glitzert der kleine Friesenbergsee; daneben ist das Friesenberghaus zu sehen.

Nach der Scharte geht es anfangs einen schmalen Pfad und dann einen steilen, bröckeligen Steig hinab. Dieser ist mit Stahlseilen und Eisenstiften gesichert, die guten Halt bieten. Das Absteigen erfordert dennoch Trittsicherheit und volle Konzentration.

Beim nächsten Wegzweig (2.45 Std.) gehen wir links Richtung Olpererhütte.

Abstecher
Wenn man geradeaus weitergeht, erreicht man in 30 Min. das Friesenberghaus (Einkehrmöglichkeit). Von dort gelangt man zum nahen Petersköpfl mit seinem mystischen Garten (1 Std. hin und zurück.)

Wir befinden uns jetzt auf einem Teilstück des **Berliner Höhenweges,** der zu den beliebtesten Wanderrouten in den Zentralalpen zählt. Die vielen rot-weißen Markierungen sind eigentlich überflüssig, denn der Weg führt bequem auf gleichbleibender

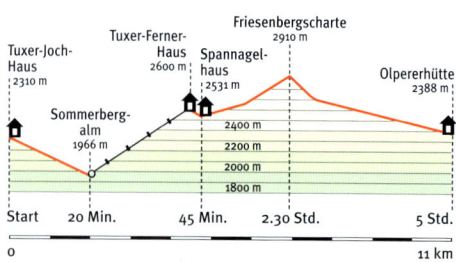

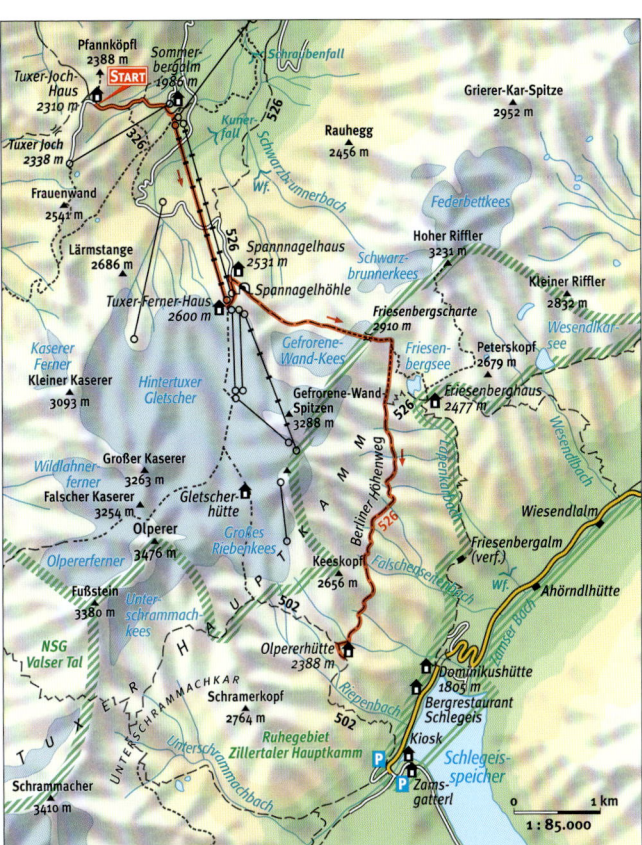

Höhe durch die zunehmend grüner werdenden Hänge der Gamsleiten zum Fuß des Keeskopfes. Die Kulisse ist gewaltig. Immer weiter wird der Blick auf den Schlegeisspeicher und die beiden dahinter aufragenden höchsten Berge der Zillertaler Alpen: den Hochfeiler (3509 m) rechts und den Große Möseler (3480 m) daneben. Nach einer einfachen Holzbrücke geht es über eine Wiese hinab zur **Olpererhütte** (5 Std.).

Der mystische Garten auf dem Petersköpfl

Oberhalb des Friesenberghauses fällt der Bergrücken des an sich unscheinbaren Petersköpfl auf, denn er wirkt eigenartig unscharf. Beim Blick durch ein Fernglas kommt man aus dem Staunen nicht heraus: Ganze Bergsteigergenerationen scheinen

Die nagelneue, 2008 eröffnete Olpererhütte, im Hintergrund der Schlegeisspeicher, Kleiner und Großer Greiner und der vergletscherte Gipfel des Großen Möseler (3478 m) ▷

Steinmännerparade auf dem Petersköpfl

sich hier im Bauen von Steinmännern ausgetobt zu haben.

Seit der Frühzeit der Alpenerschließung im 19. Jh. war das Petersköpfl eine Etappe bei geführten Touren auf den Großen Riffler. Die Bergführer und ihre Kunden errichteten immer wieder Steindauben, weil sich die kleinen Granitplatten gut stapeln lassen. Beim Bau dieser kleinen ›Denkmäler‹ besteht die Kunst darin, sie so stabil zu schichten, dass sie die Schneelast des Winters überstehen.

Als die jüdischen Bergsteiger ab den 1920er-Jahren zunehmend ausgegrenzt wurden, beschlossen sie in den Jahren 1927–30, eine eigene Hütte zu bauen: das Friesenberghaus. Sie führten die Tradition der Steindauben fort. Später, als die meisten Bergfreunde in den KZs ermordet worden waren, haben die wenigen Überlebenden weitere Platten zum Gedenken aufgerichtet. Auch heute noch werden immer neue Steinmännchen gebaut, besonders von Kindern.

Buon Giorno Südtirol!

Von der Olpererhütte nach Stein

Nach dem Abstieg zum Schlegeisspeicher verlassen wir durch den landschaftlich reizvollen Zamser Grund Österreich und betreten über das Pfitscher Joch italienischen Boden. Gute Wege und eine imposante Landschaft lassen den Tag zu einem echten Genuss werden.

DIE ETAPPE IN KÜRZE

++
Anspruch

5.30 Std.
Gehzeit

500 m
Anstieg

1300 m
Abstieg

Charakter: Einfache Wanderung auf guten Wegen

Wanderkarten: Kompass-Wanderkarte 1:50 000 Nr. 37; Tabacco Wanderkarte 1:25 000 Nr. 037

Einkehrmöglichkeiten: Lafitz Alm, Pfitscher-Joch-Haus (Rif. Passo di Vizze)

Unterkunft: Albergo Sasso, I-39040 Innerpfitsch/Stein,

Tel. 0039/0472 63 01 30 ; Pension Bartlhof, Familie Messner, I-39040 Innerpfitsch/Stein 96, Tel. 0039/0472 63 01 28; Unbedingt reservieren! Alternative: Pfitscher-Joch-Haus (Rif. Passo di Vizze), 2248 m, Tel. 0039/0472 63 01 19 (privat; 30 Betten, 20 Lager; Mitte Juni–Mitte Okt.)

Von der **Olpererhütte** gehen wir auf dem Weg Nr. 502 die 600 Höhenmeter zum Schlegeisspeicher hinunter. Weil die Olpererhütte und der Berliner Höhenweg ein beliebtes Ausflugsziel sind, ist der Weg gut ausgebaut und mit vielen rot-weißen Wegmarkierungen versehen. Ein weites Stück talwärts begleitet uns der tosende Riepenbach, ansonsten bestimmen Geröll- und Latschenfelder und vereinzelt auch Alpenrosen das Landschaftsbild. Nachdem wir die Baumgrenze erreicht haben, ist es nicht mehr weit bis zur Fahrstraße im Tal und zum **Schlegeisspeicher** (1.30 Std.). Wir halten uns rechts und erreichen nach wenigen Minuten einen Parkplatz, der für die zahlreichen Tagestouristen angelegt

ist. Nach der Hinweistafel, die den Panoramablick über den Zillertaler Hauptkamm erläutert und über das Ruhegebiet informiert, wechseln wir über eine Holzbrücke auf die linke Seite des in den Schlegeisspeicher fließenden Zamser Baches. Vorbei am Kiosk geht es auf dem Weg Nr. 524 Richtung Pfitscher Joch in den **Zamser Grund** hinein.

Das erste Wegstück ist geteert; eine Erinnerung daran, dass einmal ernsthaft erwogen wurde, den Weg bis zum Pfitscher Joch als Fahrstraße auszubauen. Da dies auf der italienischen Seite bereits geschehen ist, wäre dadurch eine neue Passstraße entstanden. Umso mehr erfreut es, dass der Weg bald wieder über Stock und Stein durch die alpine Landschaft führt. Am Ufer des rauschenden Zamser Baches wachsen viele Schlüsselblumen, die bereits in der morgendlichen Sonne leuchten. Die rechte Talseite wird von den Karen des 3410 m hohen Schrammachers geprägt; hier halten sich auch im Sommer noch hartnäckige Schneefelder. Dass es ganz weit oben auch noch Gletscher gibt, bezeugen die beiden Schrammacherbäche, die tosend talwärts schießen. Schon von weitem ist ein mannshoher Stein (2 Std.) zu sehen, auf dem in gelber Schrift groß »Venedig« steht – ganz so, als wolle man uns hier und jetzt bereits an unser Fernziel erinnern.

Sehr zu empfehlen ist ein Abstecher zur kleinen bewirtschafteten **Lafitz Alm** (2.45 Std.). Sie liegt nur wenige Minuten abseits des Weges und bietet köstliche Almspezialitäten wie frischen Käse, Joghurt mit Früchten, Milchsuppe oder Kaiserschmarrn. Gegen Ende des Weges hinauf zum Joch wird die Landschaft zunehmend karg. Zwischen Steinen und Geröll findet nur noch wenig Grün Platz. Das letzte Wegstück geht es noch einmal etwas steiler bergan und führt durch ein größeres Blockfeld, in dem viele Felsen mit Flechten und Moosen bewachsen sind.

Nach dem **Pfitscher Joch** (3.45 Std.), zwischen den Grenzsteinen von Österreich und Italien, fallen zu-

nächst die leer stehenden Grenzhäuschen auf. Ein Stück weiter ist auch schon auf einer Anhöhe das **Pfitscher-Joch-Haus** (Rifugio Passo di Vizze) zu sehen, ein großes Gasthaus mit Übernachtungsmöglichkeit. Von der Anhöhe kann man weit in das Pfitscher Tal blicken, ein typisches Hochtal der Zentralalpen. Im Zuge der Verkehrserschließung wurde die Straße durch das Tal bis hinauf zum Pfitscher-Joch-Haus gebaut. Daher die zahlreichen Autos, die hier plötzlich wie aus dem Nichts auftauchen.

Auf dem weiteren Weg hinab nach Stein halten wir uns vor der Hütte links und laufen zunächst an dem kleinen Bergsee vorbei. Kurz darauf treffen wir nach einem geschotterten Hangweg auf die Fahrstraße. Diese queren wir und folgen direkt talwärts dem rot-weiß markierten Pfad über die Wiese. Beim Abstieg bietet sich ein schöner Blick auf das Pfitschertal und die Pfundererberge, die wir morgen überqueren werden. Unterhalb der Baumgrenze nimmt uns ein schattiger Wald auf. Der Weg kreuzt zweimal die Fahrstraße, führt durch einige kleinerer Bachläufe und bleibt weiterhin gut begehbar. Am Ende des Waldes (5 Std.) queren wir über eine Stahlbrücke noch einmal einen rauschenden Gebirgsbach und folgen dem schmalen Weg links am Wiesenhang hinab zur Ortschaft

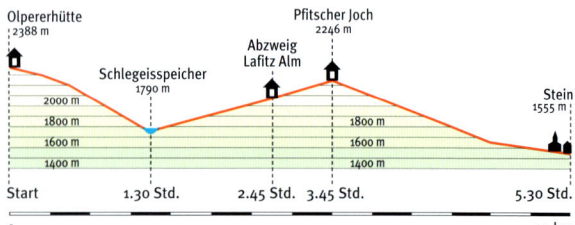

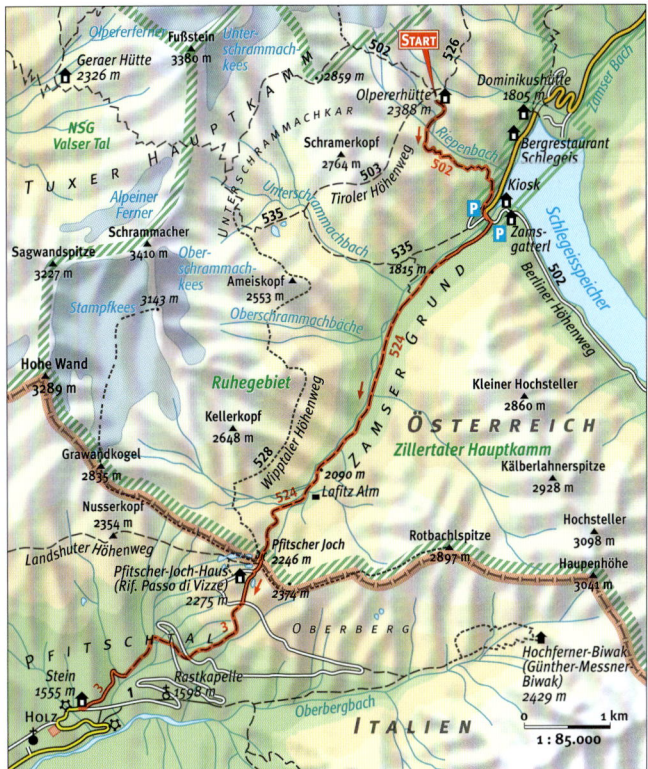

Stein. Nach der kleinen Kapelle (5.30 Std.) geht links ein Sträßchen zur Pension Bartlhof, geradeaus geht es zum Albergo Sasso.

Pfitscher Joch

Das Pfitscher Joch bildet einen breiten Sattel zwischen dem Tuxer Kamm im Westen und der Hochfeiler-Gruppe im Osten. Als Übergang vom Pfitscher- ins Zillertal hatte das Pfitscher Joch schon immer Bedeutung. Urkundlich wird die Gegend bereits 1180 erwähnt und anno 1382 wird erstmals von Viehtrieben ins Zillertal hinüber berichtet. Auch heut-

zutage findet im Frühjahr und Herbst der Auftrieb von Vieh über die oft noch verschneiten Almen statt. Nach dem Ersten Weltkrieg wurde die Gegend nördlich des Jochs Österreich zuerkannt. Die Almen vieler Bauern aus dem Pfitscher Tal liegen heute somit zum Teil auf österreichischem Gebiet.

Im Reich der grünen Berge

Von Stein nach Pfunders

Die reizvolle Wanderung durch die entrückte Welt der Pfunderer Berge bietet eine Vielzahl von Eindrücken: den anstrengenden Aufstieg zur Gliederscharte im Schatten des Hochfeilers, den idyllischen Grindler-See, die alten Bauernhäuser im Pfunderer Tal.

DIE ETAPPE IN KÜRZE

++
Anspruch

7.30 Std.
Gehzeit

1150 m
Anstieg

1550 m
Abstieg

Charakter: Mittelschwere, lange Bergwanderung auf meist guten Wegen.
Der Aufstieg zur Gliederscharte und der Abstieg in das Weitenbergtal auf alten Pfaden erfordern Trittsicherheit und Ausdauer.

Wanderkarten: Kompass-Wanderkarte 1:50 000 Nr. 44 und 82; Tabacco Wanderkarte 1:25 000 Nr. 037

Einkehrmöglichkeiten: Obere Engbergalm (Milch, Butter, Brot), Duner Heuschupfe in Dun. In Pfunders Einkaufsmöglichkeit in einem Gemischtwarenladen nahe der Kirche.

Unterkunft: Duner Heuschupfe, Duner Straße 12, I-39030 Pfunders, Tel. 0039/0472 54 92 46 (Dun); Gasthof Albergo Brugger, Lärchstraße 12, I-39030 Pfunders, Tel. 0039/0472 54 91 55 (Ortsmitte); Gasthof Lärcher, Lärcherstraße, I-39030 Pfunders, Tel. 0039/0472 54 91 15 (Ortseingang); Gasthof Strobelhof, G. Lantscher Str. 14, I-39030 Weitental, Tel. 0039/0472 54 81 19 (Ortsmitte in Weitental)

Ende des zweiten Tourenabschnitts: Ab Niedervintl mit dem Bus zum Bahnhof Brixen

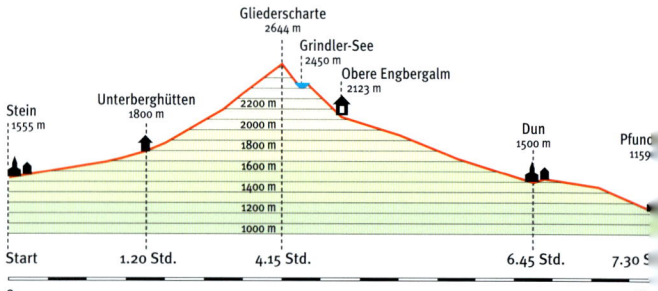

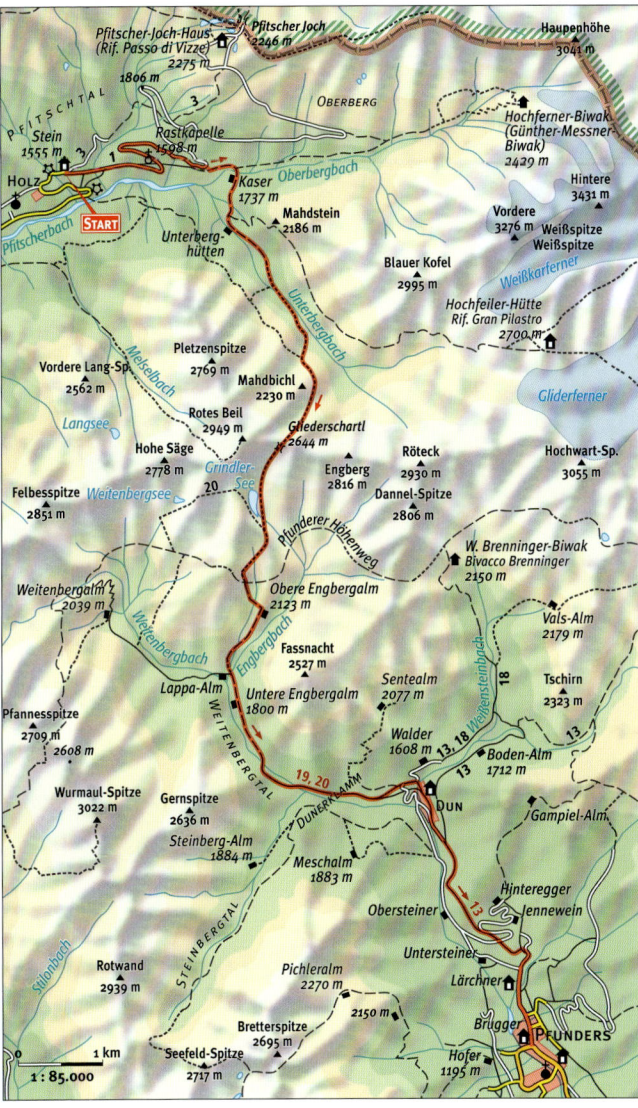

In **Stein** gehen wir die (einzige) Fahrstraße abwärts und biegen beim nächsten Abzweig links in die befestigte Passstraße zum Pfitscher Joch hinauf ein. Die friedvollen alten Bauernhäuser mit ihrem bunten Blu-menschmuck bleiben zurück, und wir tauchen wieder in den Bergwald ein. Bei der dritten Spitzkehre, die der Weg macht (50 Min.), folgen wir einem Pfad weiter geradeaus in Richtung Gliederscharte/Pfunders/

Blick auf Pfunders, im Hintergrund der Rodenecker Wald

Hochfeilerhütte. Es ist möglich, dass auf dem schmalen Weg Kühe trotten und nach frischem Gras suchen. Offensichtlich gilt hier Überholverbot; das sich allerdings durch gutes Zureden und lautes Klatschen aufheben lässt.

Beim nächsten Wegzweig wenden wir uns rechts hinauf Richtung Hoch-

feilerhütte, queren im folgenden über eine Holzbrücke den Oberberg Bach und treten durch ein Holzgatter auf eine Almwiese. Kurz vor den Unterberghütten verzweigt sich der Weg abermals. Wir gehen nicht links zur Hochfeilerhütte, sondern rechts in Richtung Gliederscharte/Pfunders. Um die Ruinen der **Unterberg-**

hütten (1.20 Std.) hat sich ein dichter Bewuchs von wilden Rhabarber gebildet. Die alten, mit Steinplatten gedeckten Holzhütten hätten sicher viele spannende Geschichten zu erzählen.

Kurz nach den Ruinen öffnet sich ein grandioser Blick in das namenlose, überraschend grüne Tal. Der Pfad führt zunächst durch kniehohes Gras am linken Hang entlang und leitet dann hinunter zum **Unterberg-Bach** (1.40 Std.), den wir auf einem Holzsteg überqueren. Auf der rechten Talseite geht es langsam aber stetig auf dem abwechselnd über Gras, Erde und Stein führenden Pfad in die Höhe. Beim Blick zurück ist das Pfitscher Joch zu sehen und die Gipfel des Tuxer Hauptkamms.

Nach einiger Zeit können wir das Ende des Tals sehen und das Rauschen der zahlreich in das Tal stürzenden Gebirgsbäche deutlich vernehmen (2.40 Std.). Die Bäche werden von den Gletschern des Hochfeilers gespeist, der sich gewaltig zur Linken erhebt. Unschwer ist auch die weiter oben gelegene Hochfeilerhütte zu erkennen. Wir steigen weiter rechts den Hang hinauf, immer dem rot-weißen Markierungen nach. Am Ende haben wir die Schutthalde erreicht (3.20 Std.), die hinauf zur Scharte führt. Nach dem Prinzip: zwei Schritte vor und einen zurück geht es das Schuttkar hinauf zur windigen **Gliederscharte** (4.15 Std.). Die wohlverdiente Rast empfiehlt sich erst beim nahen Grindler-See.

Nach der Scharte halten wir uns links im sich öffnenden Hochtal, bis am Ende der türkis schimmernde **Grindler-See** (4.45 Std.) erscheint. Felder von Wollgras stehen an seinem Ufer, die zusammen mit Moosen, Flechten, Polsterpflanzen und Gräsern das pflanzliche Leben in der kargen Felslandschaft vertreten.

Am Ende des Sees führt der Weg zunächst ein Stück an seinem Ablauf entlang, den wir wenig später überqueren, um dann links noch ein kurzes Stück am Hang entlang in Richtung Engbergalm (Hinweisschild) weiter zu gehen. Der folgende Abstieg über die mit Steinfeldern durchsetzte steile Bergwiese wird zwar durch zahlreiche Spitzkehren erleichtert, ist aber dennoch kräftezehrend. Faszinierend ist der Blick hinunter in das grüne Weitenbergtal, auf dessen südlicher Seite sich imposant die 3000 m hohe Wurmaulspitze erhebt.

Bei der **Oberen Engbergalm** (5.15 Std.) kann der Wasservorrat aufgefüllt und ein Plausch mit dem Senner gehalten werden. Nicht selten wird dazu ein Glas Milch oder ein Stamperl hochprozentiger Obstler gereicht. Nahe am Talgrund geht es auf einem Holzsteg über den Engberg-Bach (5.45 Std.) und weiter auf einem Wirtschaftsweg rechts abwärts zu den mittlerweile verfallenen Gebäuden der **Unteren Engbergalm**. Über den Weitenbergbach (6.15 Std.) gelangen wir zunächst auf die rechte Talseite und folgen anschließend der Almstraße links hinunter bis zur **Dunerklamm**. Eindrucksvoll wird hier demonstriert, welch formgebendes Element fließendes Wasser sein kann. Weiter abwärts gehend erreichen wir zügig die aus wenigen und weit verstreuten Anwesen bestehende Ortschaft **Dun** (6.45 Std.).

Unser Weg mündet auf eine Fahrstraße, der wir links aufwärts bis zum nächsten Wegzweig folgen. Hier gehen wir rechts in Richtung Edelrauthütte (Weg Nr. 13, Hinweisschild) und queren im folgenden über Holzbrücken zwei Bachläufe. In einer scharfen Linkskurve in Höhe eines Anwesens (6.50 Std.) zweigt rechts die alte Fahrstraße ab, die noch Mitte des 20. Jh. die einzige Verbindung zum einsamen Ende des Pfitscher Tals war und uns jetzt als Spazierweg dient (Weg Nr. 13 rot-weiß-rote Markierung). Von der Höhe bietet sich ein schöner Ausblick auf das Pfunderer Tal mit dem gleichnamigen Bach, dessen Rauschen bis hier oben zu hören ist. Inmitten der saftigen Wiesenhänge fallen dabei besonders die alten Bauernhäuser auf, die der Neuzeit trotzen.

Die alte Fahrstraße verläuft sanft abwärts durch einen lichten Nadelwald und anschließend, von starken Holzpfeilern getragen, als Band um eine Felswand herum. Dabei bietet sich ein eindrucksvoller Tiefblick in das Tal, dessen Wände hier eng zusammenrücken. Im Talgrund verläuft die neue Fahrstraße.

Wir befinden uns auf einem Kreuzweg mit 14 Stationen, den wir in umgekehrter Reihenfolge ablaufen. In einer Kehre stößt der Weg auf eine geteerte Fahrstraße. Wenige Schritte abwärts zweigt unser markierter Weg wieder rechts in den Nadelwald hinab und führt, nochmals eine Fahrstraße querend, zur kleinen Kapelle bei der Ansiedlung **Egger** (7.15 Std.). Von hier bietet sich ein schöner Blick auf das Pfunderer Tal mit seiner gepflegten Wiesen- und Waldlandschaft. Eindrucksvoll thront auf einer Anhöhe die mit einem Zwiebelturm geschmückte Kirche von Pfunders.

Ein gras- und blumengesäumter Pfad leitet uns an der Kapelle vorbei zu einer geteerten Fahrstraße hinab, der wir rechts entlang des Bachlaufs zur Fahrstraße im Tal folgen. Auf die-ser gelangen wir links zum Ortskern von **Pfunders** (7.30 Std.). Die meisten Pensionen und Gasthofe liegen direkt an der Durchgangsstraße.

Die grünen Berge von Pfunders

Die Pfunderer Berge an der Südseite des Zillertaler Hauptkamms sind eigentlich nur Experten bekannt. Größere Hotelkomplexe und alpine Trampelpfade sucht man vergebens. Es ist ein seltsam entrücktes Gebiet, an dessen Rändern zwar die neue Zeit brandet, wo jedoch Altes sich zäh behauptet – zur Freude des Bergwanderes. Jeder Ort besitzt hier noch sein Wirtshaus, und das weit verzweigte Wegenetz folgt Pfaden, die durch die Bedürfnisse der Bewohner geschaffen worden sind und zu Jagdgebieten, Viehweiden und Almen geführt haben und noch immer führen. Die alten Bauernhäuser haben ihren originalen Stil erhalten und sind mit ihren liebevoll angelegten Gärten echte Kleinode. Begrenzt werden die Pfunderer Berge im Norden vom Pfitscher Tal, im Westen vom Eisacktal, im Süden vom Pustertal und im Osten vom Ahrn- und Tauferer Tal. Seinen Namen verdankt das Gebiet seinem bedeutenstem Tal, dem Pfunderer Tal. Wegen des Reichtums an Blumen, Pflanzen und üppigen Almen werden die Pfunderer Berge auch die »grünen Berge« genannt.

Durch den Rodenecker Wald

Von Pfunders zur Kreuzwiesen-Hütte

Der dichte, stille Rodenecker Wald fasziniert mit vielfältiger Fauna. Nach dem langen, anstrengenden Aufstieg erwartet uns ein Postkarten-Panorama der Dolomiten. Nirgendwo klingen die Kuhglocken schöner, scheinen die Kühe glücklicher als auf dem Weg zur Kreuzwiesen-Hütte.

DIE ETAPPE IN KÜRZE

++
Anspruch

7 Std.
Gehzeit

1200 m
Anstieg

500 m
Abstieg

Charakter: Einfache, aber lange Wanderung auf guten Wegen. Der lange Anstieg (1000 m) über den Rodenecker Wald erfordert Ausdauer

Wanderkarten: Kompass-Wanderkarte 1:50 000 Nr. 56; Tabacco Wanderkarte 1:25 000 Nr. 037 und 030

Einkehrmöglichkeiten: Niedervintl, Ronerhütte. In Niedervintl können Einkäufe jeglicher Art getätigt werden (Lebensmittel, Apotheke, Bank, Post usw.)

Unterkunft: Kreuzwiesen-Hütte (privat), Tel. 0039/ 0472 41 37 14 oder mobil 0039/333 748 48 80. Alternative: Starkenfeldhütte (privat), Tel. 0039/ 0339 844 39 79; Rastnerhütte (privat), Tel. 0039/0472 54 64 22 oder 0039/0474 56 41 22

Von **Pfunders** geht es zunächst die Fahrstraße links am Pfundererbach in Richtung Weitental entlang. Nach ca. 4 km führt beim Anwesen Luachner eine Holzbrücke (50 Min.) auf die rechte Bachseite. Der Autolärm wird fortan vom Tosen des Pfundererbachs geschluckt. Unmittelbar nach dem Anwesen zweigt von dem geteerten Fahrsträßchen links ein breiter Grasweg (Nr. 5) ab, der uns in einen lichten Erlenwald und weiter dem fließenden Wasser nach bis nach Weitental führt. Wie der Name sagt: Hier weitet sich das Tal. Die Wiesen ringsherum leuchten saftig grün und die Gärten der alten Bau-

ernhäuser prangen von bunten Blumen. Nach Norden bietet sich noch einmal ein schöner Ausblick auf die grünen Pfunderer Berge.

Der Weg mündet in eine Fahrstraße, der wir bis zur Ortsmitte von **Weitental** folgen (1.15 Std.). Wir gehen links an der Kirche vorbei, biegen bei der folgenden Kreuzung rechts ab und folgen den nicht zu übersehenden blau-weißen Markierungen des Wanderweges Nr. 4 bis nach Niedervintl. Respekt heischend erhebt sich am nahen Horizont vor uns der Bergrücken mit dem Rodenecker Wald; seine Überschreitung wird unser Tagewerk sein.

Der erste Blick auf die Dolomiten: Der Peitlerkofel

In leichtem Auf und Ab geht es durch einen lichten Nadelwald, bis der Weg auf ein Fahrsträßchen stößt, dem wir links hinab bis zur Brücke nahe der Talstraße folgen. Vor der Brücke zweigt rechts der markierte Wanderweg Nr. 4 zur Ortsmitte von **Niedervintl** (2 Std.) ab. Obwohl der Ort nur um die 3000 Einwohner hat, kommt uns nach den Tagen der Bergeinsamkeit das Treiben ungewohnt hektisch vor. Willkommen sind die zahlreichen Geschäfte, die Gelegenheit bieten, unterschiedlichste Besorgungen zu erledigen.

Wir folgen der Durchgangsstraße weiter nach Süden und queren am Ortsausgang durch eine Unterführung die Staatsstraße Nr. 49. In Richtung Rodenecker Alm/Lüsen folgen wir anschließend dem Weg Nr. 14 links und biegen bei der nächsten Möglichkeit wieder rechts ab, um über eine Brücke den Fluss Rienz zu queren. Vor uns erhebt sich jetzt der

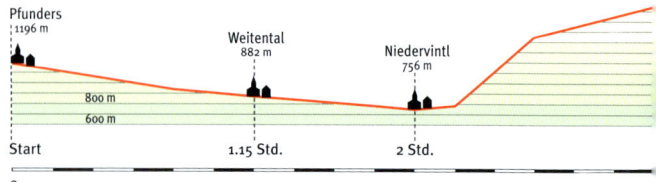

Pfunders 1196 m
Weitental 882 m
Niedervintl 756 m
800 m
600 m
Start
1.15 Std.
2 Std.
0

Rodenecker Wald, den wir die nächsten drei Stunden durchqueren und dabei mehr als 1000 Höhenmeter bewältigen werden. Wir folgen dabei bis zur Ronerhütte dem Weg Nr. 14, der durchgehend rot-weiß markiert und leicht zu finden ist.

Er führt uns nach der Brücke zum Waldrand und dann beim zweiten Abzweig rechts in den Wald hinauf. Nach der dritten Wegkehre gabelt sich der Weg, wir gehen weiter links hinauf zu einer Schranke. Über den Kaserbach und anschließend rechts steil einen Waldpfad hinauf geht es weiter Richtung Roner Alm.

Wir queren einen breiteren Waldweg und folgen dem Pfad geradewegs hinauf. Auf dem nächsten Waldweg geht es ein Stück links und dann einen Pfad wieder rechts den Hang hinauf. Dem nächsten Forstweg (4.15 Std.) folgen wir rechts bergan Richtung Leachen-Alm.

Wenig später zweigt der Weg Nr. 14 wieder vom Forstweg ab und führt beim Hinweisschild »Almsteig« links hinauf in den Wald. Wir gelangen zum nächsten Forstweg, den es links hinauf geht. Vor der nächsten Rechtskurve zweigt der Weg Nr. 14 abermals ab, quert im Anstieg einen Forstweg und führt schließlich durch ein Holzgatter zur **Hirschleitenalm**

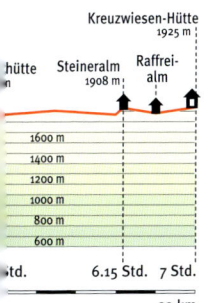

und weiter hinauf zur **Ronerhütte** (5.30 Std.).

Selbstversorger sollten das kurze Stück nach links Richtung Starkenfeldhütte bis zur **Laieralm** (5.40 Std., nicht bewirtschaftet) weiter gehen. Hier stehen Bank und Tisch, und bei klarer Sicht bietet sich ein phantastischer Ausblick über die Lüsener Alm auf die ersten Dolomitengipfel am Horizont, der alle Mühen des

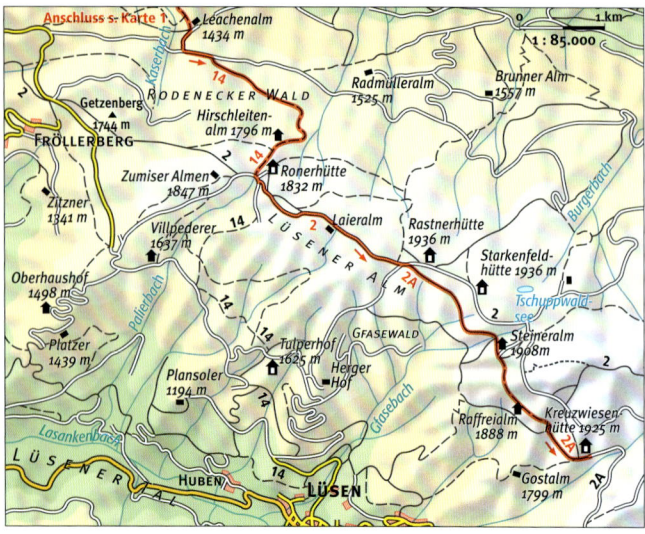

Aufstiegs vergessen lässt: Im Süden steht als nordwestlicher Eckpfeiler der Dolomiten der markante Peitlerkofel, rechts davon erhebt sich die Gruppe der Aferer Geiseln. Im Südosten ragen die bleichen Berge der Fanes auf.

Auf dem Almweg (Weg Nr. 2) spazieren wir weiter auf gleicher Höhe bis zum Abzweig unseres Weges 2A zur Kreuzwiesen-Hütte (rechts, Hinweisschild). Geradeaus ginge es weiter auf dem Weg Nr. 2 zur nahe gelegenen Rastner- und Starkenfeldhütte. Der Weg führt uns, der 1900-m-Höhenlinie folgend, an den vom Wetter gebräunten Nebengebäuden einer Alm vorbei.

Beim folgenden Gatter geht es links ohne Weg steil eine Wiese hinauf. Oben angekommen müssen wir über einen Zaun klettern und folgen dem so erreichten Wirtschaftsweg nach rechts weiter zur schön gelegenen **Steineralm** (6.15 Std.). Der Pfad führt direkt am Weidezaun links um eine große Weide herum und bietet die optimale Akustik für das Glockengebimmel der hier grasenden und sichtlich zufriedenen Kühe.

Weiter führt der Weg durch ein Wäldchen zur **Raffreidalm** (6.40 Std.). Von hier weisen uns Schilder den weiteren Weg zur Kreuzwiese. Am Ende treffen wir bei einer kleinen Holzhütte auf einen Wirtschaftsweg, der uns links zur **Kreuzwiesen-Hütte** führt (7 Std.).

Almen mit Dolomitenblick

Von der Kreuzwiesen-Hütte zur Schlüterhütte

Mit stets schönen Blicken und immer im Bann des Peitlerkofels wandern wir über Almböden und grasüberzogene Bergrücken und folgen den Pfaden einer von der Almwirtschaft geprägten Berglandschaft.

DIE ETAPPE IN KÜRZE

++
Anspruch

8.30 Std.
Gehzeit

1000 m
Anstieg

600 m
Abstieg

Charakter: Mittelschwere, lange Bergwanderung, die auf Almwiesen gelegentlich etwas Orientierungssinn erfordert. Unterhalb der Nordwesthänge des Peitlerkofels ist Trittsicherheit und Schwindelfreiheit erforderlich.

Wanderkarten: Kompass-Wanderkarte 1:50 000 Nr. 56; Tabacco Wanderkarte 1:25 000 Nr. 030 und 07

Einkehrmöglichkeiten: Turnaretschhütte, Maurer Berghütte, Würzjochhaus/Ütia de Börz

Unterkunft: Schlüterhütte/Rifugio Genova, 2306 m, Tel. 0039/0472 84 01 32 oder mobil 0039/347 266 76 94 (CAI-Hütte Sektion Brixen; 30 Betten, 40 Lager; Juni–Okt.); unbedingt reservieren.

Von der **Kreuzwiesen-Hütte** gehen wir links den Almweg Nr. 2A parallel zum Hang bis zur nächsten Rechtskurve. Hier schickt uns ein Wegweiser in Richtung Astjoch nach links durch eine Mulde zwischen zwei Grashängen hinauf. Schnell ist ein Weidegatter erreicht, das wir durchschreiten. Nach einer Almhütte und einem weiteren Weidegatter liegt ein kräftig ansteigender Grashang vor uns, den wir hinauf müssen. An seinem Ende klettern wir über einen Weidezaun, folgen dem Almweg ein Stück nach rechts und biegen in der nächsten Rechtskurve links in einen Pfad ein (Weg Nr. 2, rot-weiße Markierung), der über die Bergwiese hinauf zur **Campill-Alm** führt (30 Min.).

Der Weg über die mit Matten überzogene Kuppe des Campill ist alles andere als ausgetreten. Wegmarkierungen auf Steinen erleichtern aber die Orientierung. Nach Norden bietet sich ein schöner Ausblick auf die schneebedeckten Gipfel der Zillertaler Alpen. Nach einem Weidezaun geht der Weg in eine grasige Fahrspur über, der wir bis zur **Lärchneralm** folgen (1 Std.), deren wettergebräunte Bauten wir rechts unter uns liegen lassen. Die Fahrspur endet wieder an einer eingezäunten Weide, die wir, weiter den rot-weißen Markierungen nach, queren. Die nächste Fahrspur im Gras verlassen wir bei der ersten Wegkehre und folgen anschließend einem Pfad geradeaus weiter direkt auf einen Hochspannungsmasten zu. Vom Sattelpunkt in Höhe der Astalm ist es nur noch ein kurzes Stück bis zum Jakobsstöckl (1.20 Std.).

Von hier folgen wir dem Wegweiser Richtung Wieseralm/Glittnersee (Weg Nr. 10, rot/weiße Markierung). Dabei geht es nicht rechts auf dem breiten Almweg weiter, sondern links am Hang des Jakobskopfs entlang. Bei einer Holzbank mit Tisch hat man einen schönen Blick auf die links im Tal liegende Ortschaft Brunneck. Beim Aufstieg durch lichten Kiefern- und Lärchenbestand fallen Heidekraut und Blaubeersträucher auf. Es gibt nur wenige Wanderzeichen, der Pfad bleibt aber einigermaßen gut erkennbar. Bei der Wieseralm (2 Std.) folgen wir rechts dem Weg Nr. 10/11S Richtung Glittnersee. Es geht einen grasigen Aufschwung hinauf, wobei wir den folgenden Wegzweigen immer geradeaus bis zum Glittner Joch folgen. Der noch immer ferne Peitlerkofel bietet eine grobe Orientierungshilfe, weil wir direkt auf ihn zugehen. Zwischen diesem Dolomitenklotz und uns erhebt sich der Maurerberg. Um diesen müssen wir zunächst herum: Dazu halten wir uns auf der Kuppe weiter links in Richtung des Gipfelkreuzes des Col da Le und erreichen wenig später den mitten in einer Graslandschaft gelegenen Glittnersee (2.45 Std.).

Sitzbank und Tisch laden hier zur genüsslichen Rast ein. Ein Hinweisschild zur Maurer Berghütte/Lüsner Joch schickt uns sodann rechts einen steilen Wiesenpfad hinab. Dieser stößt am Ende auf einen Wirtschaftsweg, der links an der Turnaretschhütte vorbei führt (3 Std.). Dem nächsten Wegzweig folgen wir rechts hinab zum Lüsner Joch (3.15 Std.). Von hier geht es Richtung Maurer Berghütte auf dem Weg Nr. 1 weiter, der zunächst als Wirtschaftsweg durch einen Fichten- und Lärchenwald führt und dann allmählich in einen bequemen Waldpfad übergeht.

Kurz nach der Baumgrenze, nahe einer Weide, spendet eine kleine Quelle auf der linken Seite kaltes Bergwasser. Der Weg verläuft knapp über der Baumgrenze fast eben bis zu einer Skiliftstation, von der es nicht mehr weit ist bis zur Maurer Berghütte (4.45 Std.). Von der großen Sonnenterrasse bietet sich ein phantastischer Ausblick auf die Nordwand des Peitlerkofels.

Von der Hütte führt der Weg Nr. 1 links hinunter in Richtung *Po de Börz*. So heißt das Würzjoch auf rätoromanisch, der Sprache, die noch von einigen Volksgruppen in den Alpen gesprochen wird, zum Beispiel den Südtiroler Ladinern. Ein kurvenreicher Wirtschaftsweg führt anfangs steil, später mäßig hinab zur

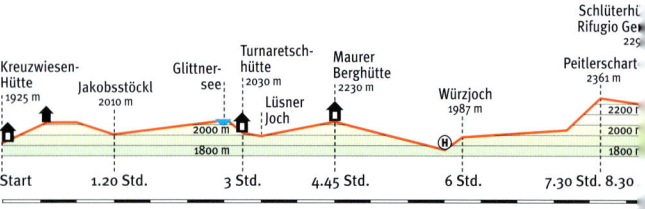

Passstraße (5.30 Std.). Diese Straße ist auch der einfachste Weg hinauf zum Würzjoch. Ruhiger und schöner ist allerdings der Weg durch den Wald, der an der Bushaltestelle beginnt. Hier biegen wir rechts in einen Forstweg ab und folgen kurz darauf einem verwilderten Fahrweg nach links in Richtung Po de Börz (Würzjoch, rot/weiße-Markierung). Nach wenigen Minuten zweigt ein Weg links ab, der sehr steil direkt zum **Würzjoch** (6 Std.) hinaufführt. Das Würzjoch mit seinem Gasthaus ist ein beliebtes Ausflugsziel für Tagestouristen.

Beim Parkplatz auf der anderen Seite der Passstraße (direkt an der Bushaltestelle Würzjoch) folgen wir dem Wanderweg 8A. Es geht direkt auf den Peitlerkofel zu, dessen mächtige Nordwand sich über der parkähnliche Wiesenlandschaft erhebt. Nach der bisherigen Wegstrecke, die vielfach unseren Orientierungssinn auf die Probe gestellt hat, sind die guten Wege hier ein Genuss. Mit zahlreichen Spaziergängern wandern wir geruhsam über die Kompatsch-Wiesen und weiter auf den Wandfuß des Peitlerkofels zu. Unbemerkt betreten wir hier den **Naturpark Puez Geisler,** einen von insgesamt sieben Landschaftsschutzgebieten in Südtirol.

Bald verengt sich der leicht ansteigende Weg zu einem stellenweise ausgesetzten Bergpfad; Schwindelfreiheit und Trittsicherheit sind hier erforderlich. Bis zum Schartenbach befinden wir uns in einem steinschlaggefährdeten Bereich; die Ohren sollten gespitzt sein, um Steine so früh wie möglich zu hören.

Beim **Schartenbach** (7 Std.) vereinigt sich der Pfad mit anderen Wegen aus dem Tal zum Weg Nr. 4. Wir befinden uns jetzt auf einem Teil-

stück des Dolomiten-Höhenweges Nr. 2, der als Fernwanderweg von Brixen bis nach Feltre in der Provinz Belluno führt. Nach dem langen Tag folgt nun das letzte mühsame Wegstück: der Aufstieg zur Peitlerscharte. In vielen Windungen geht es den steilen Steig durch die steinige Rinne zwischen den Hängen des Peitlerkofels und dem Aferer Geisler hinauf. Die Mühen werden mit einem fantastischen Fernblick von der **Peitlerscharte** belohnt (7.30 Std.): Links das Felsmassiv des Peitlerkofels, über dem grünen Gardertal geradeaus die Kreuzkofel- und weiter rechts die Puez-Gruppe.

Am Wegkreuz halten wir uns rechts und folgen dem Weg Nr. 4 in Richtung Schlüterhütte. Fast eben führt der Weg am Rand der Hochalm entlang und gibt schon bald den Blick auf die vor uns liegenden Geislerspitzen frei. Nach Überqueren des flachen **Kreuzkofeljochs** sehen wir auch schon wenig tiefer rechts die **Schlüterhütte/Rifugio Genova** (8.30 Std.) liegen. Die Hütte trägt den Namen von Franz Schlüter aus Dresden, der sie 1898 auf seine Kosten erbauen ließ.

Dolomiten – Die bleichen Berge

Die Berge zwischen den Flüssen Eisack, Rienz und Piave sind anders als alle anderen Alpenberge. Ein Umstand, dem sie ihren Namen verdan-

ken: Dem französischen Naturforscher Déodat Gratet de Dolomieu fiel 1789 als erstem das ungewöhnlich helle Gestein dieser Berge auf. Die Untersuchung einer Probe ergab, dass der Fels aus einer bislang unbekannten Zusammensetzung von Calcium und Magnesium besteht, das schwerer und härter ist als der bekannte Kalkstein. Dem Entdecker zu Ehren wurde das gesteinbildende Mineral »Dolomit« genannt. In der folgenden Zeit hat sich der Name dann auf das ganze Gebiet übertragen, das zuvor keine eigene Bezeichnung hatte.

Eine Sage aus dem ladinischen Sprachraum erklärt die helle Farbe der »bleichen Berge« so: Einem Prinz erschien einst im Traum ein schönes Mädchen und sagte ihm, es sei die Tochter des Mondkönigs. Der Prinz erwachte und konnte den Gedanken an das Mädchen nicht verscheuchen. Er lief durch die Vollmondnacht und pflückte Alpenrosen, wobei er immer höher in die Felstürme aufstieg. Dort traf er auf zwei Mondbewohner, die ihn auf den Mond mitnahmen. Er ging zum Königshof, erlangte mit Hilfe der Alpenrosen Zutritt und fand seine Prinzessin. Sie verliebten sich und reisten bald in die blumenreiche Heimat des Prinzen zurück. Damit die Prinzessin hier kein Heimweh nach dem gleißend hellen Licht ihrer Heimat bekam, ließ der Prinz ein Netz aus Mondlicht knüpfen und über die bislang dunklen Berge legen.

Tag der Jöcher und Scharten

Von der Schlüterhütte zum Grödnerjoch

Die bizarre Felslandschaft der zu den Dolomiten zählenden Geisler- und Puez-Gruppe wartet mit einer Vielfalt von Landschaftsbildern auf. Beim Überschreiten der zahlreichen Jöcher und Scharten erstaunt, welche Entfernungen sich an nur einem Tag zu Fuß zurücklegen lassen.

DIE ETAPPE IN KÜRZE

+++
Anspruch

7.30 Std.
Gehzeit

1000 m
Anstiege

1200 m
Abstiege

Charakter: Anspruchsvolle Bergwanderung auf guten, teilweise luftigen Wegen und Steigen. Die kurze Kletterpassage hinauf zur Forcella Nivea verlangt Trittsicherheit und Schwindelfreiheit.

Unterkunft: Berghaus Frara, Grödner Joch, 2137 m, Tel. 0039/0471 79 52 25 (privat; 24 Lager, Zimmer sehr teuer); unbedingt reservieren!
Hotel Cir, Grödner Joch, Tel. 0039/0471 79 51 27

Wanderkarten: Kompass-Wanderkarte 1:50 000 Nr. 56 und 59; Tabacco Wanderkarte 1:25 000 Nr. 07

Hinweise: Die Etappe folgt dem Dolomiten-Höhenweg Nr.2

Einkehrmöglichkeit: Puezhütte

Von der **Schlüterhütte/Rifugio Genova** steigen wir den Pfad nach rechts über die Wiese hinauf und biegen dann rechts auf den Weg Nr. 3 Richtung Puezhütte ein. Der schöne Steig verläuft durch die Ostflanke des Bronsoi, mit etwas Glück kann man Gemsen beobachten, die in langen mühelosen Sprüngen furchtlos die steilen Abhänge hinabeilen.

Die Fernsicht vom **Bronsoi-Joch** (30 Min.) ist überwältigend: Über den Matten und Tälern erhebt sich im Norden der nahe Peitlerkofel, weiter rechts im Nordosten die Kreuzkofel-Gruppe und im Osten die Conturines (La Varella). Vor uns im Süden beeindruckt die Puez-Gruppe, die durch die auffallende Roa-Scharte von den Geislerspitzen rechts getrennt wird. Wie der Peitlerkofel besteht die Geisler-Gruppe aus Schlerndolomit, der sich im Laufe von Jahrtausenden in unzählige Zacken und Türme aufgelöst hat.

In leichtem Abstieg queren wir die grasige Südflanke des Medalges, kommen oberhalb der gleichnamigen Alm vorbei und gelangen zum **Kreuz-Joch** (1 Std.). Der Weg Nr. 3 setzt sich, sanft abwärts führend, am Fuße der Felsen des Wasserkofels und der Cresta di Longiaru fort. Auf dem guten Steig durch das große Kar unterhalb des Wasserkofels erreichen wir eine ausgeprägte Felsschulter, die einen imposanten Blick auf die nun dicht vor uns liegende Puez-Gruppe und die respektheischende Roascharte bietet.

Den Abzweig (1.45 Std.) hinauf zur Wasserscharte lassen wir rechts liegen und folgen weiter dem Weg Nr. 3 geradeaus. Über das Kar kommen wir immer näher an die steile Geröllrinne der Roascharte heran. Der Weg durch die Rinne empor zur Scharte verläuft in Serpentinen und fällt leichter, als man aus der Ferne hätte vermuten können.

Oben in der **Roascharte/Forcella de la Roa** angekommen (2.30 Std.) findet sich leicht ein windgeschütztes Plätzchen, wo man sich vom Aufstieg erholen kann. Nach Süden schweift der Blick in das Val Roa, eine weite, mit Geröll und mächtigen Steinblöcken bedeckte Mulde. Nicht dort hinunter, sondern von der Roascharte links über den Geröllhang am Fuße der Wände geht es weiter auf dem Weg Nr. 2A bis zum Einstieg zur Forcella Nivea. Der Steig ist gut gesichert und markiert und erfordert außer Trittsicherheit keine Klettertechnik.

Nach dem Durchstieg durch den Kamin (über eine Leiter) ist der Aufstieg über Felsen und Geröll zum aussichtsreichen Plateau bei der **Forcella Nivea** (3.15 Std.) ein wahrer

Genuss. Die Geislerspitzen liegen nun hinter uns und das mächtige Felsmassiv der Sella-Gruppe mit dem Piz Boè vor uns.

Ein Schild weist uns zum nächsten Ziel: die Puezhütte/Rifugio Puez (Weg Nr. 2A). Es geht zunächst eine seichte Geröllmulde hinunter, die eine grandiose Sicht auf die Felslandschaft vor und unter uns bietet. Deutlich ist das Ciampai-Joch mit seiner steilen Geröllrinne zu erkennen, das wir noch durchschreiten werden. An der Stelle, wo sich der Weg Nr. 2 mit dem unsrigen vereint (4 Std.), gehen wir links. Der Blick rechts in das von Eiszeitgletschern geformte Langental reicht bis zu seinem Ausgang, wo die Ortschaft Wolkenstein liegt. Der Weg führt weiter eben dahin, und nach einer Wegbiegung stehen wir unverhofft vor der **Puezhütte/Rifugio Puez** (4.30 Std.). Tische und Bänke im Freien und nicht zuletzt das vielfältige gastronomische Angebot der Hütte überreden einen leicht zur Rast. Wer den Blick über das großartige Bergpanorama schweifen lässt, erkennt auf dem Piz Boè ein kleines Quadrat, das nicht von der Natur geschaffen zu sein scheint: Es ist ein alter Telefon-Reflektor, der seine Dienste vor dem Zeitalter der Satelliten geleistet hat.

Weiter auf dem gut markierten Dolomiten-Höhenweg Nr. 2 umwan

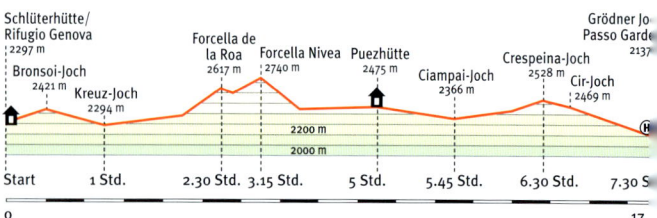

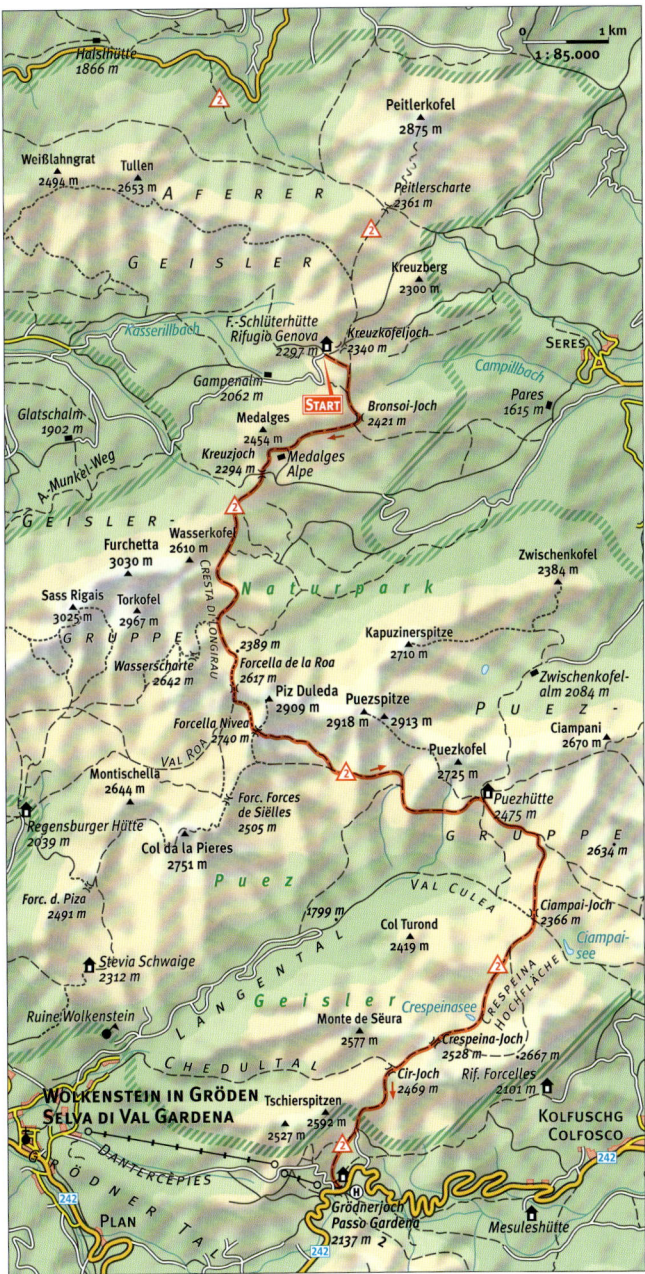

0   1 km
1 : 85.000

Halslhütte
1866 m

Peitlerkofel
2875 m

Weißlahngrat
2494 m
Tullen
2653 m

A F E R E R

Peitlerscharte
2361 m

G E I S L E R

Kreuzberg
2300 m

Kasserillbach

F.-Schlüterhütte
Rifugiò Genova
2297 m

Kreuzkofeljoch
2340 m

SERES

Campillbach

Gampenalm
2062 m

Pares
1615 m

Glatschalm
1902 m

START

Bronsoi-Joch
2421 m

Medalges
2454 m

Kreuzjoch
2294 m

Medalges
Alpe

A.-Munkel-Weg

G E I S L E R -

Wasserkofel
2610 m

Furchetta
3030 m

Zwischenkofel
2384 m

N a t u r p a r k

Sass Rigais
3025 m
Torkofel
2967 m

G R U P P E

CRESTA DI LONGIAU

Kapuzinerspitze
2710 m

Zwischenkofel-
alm 2084 m

Wasserscharte
2642 m

2389 m
Forcella de la Roa
2617 m

Piz Duleda
2909 m

Puezspitze
2918 m • 2913 m

P U E Z -

Ciampani
2670 m

Forcella Nivea
2740 m

VAL ROA

Puezkofel
2725 m

Montischella
2644 m

Forc. Forces
de Sìelles
2505 m

Puezhütte
2475 m

G R U P P E

2634 m

Regensburger Hütte
2039 m

Col da la Pieres
2751 m

P u e z

VAL CULEA

Ciampai-Joch
2366 m

Ciampai-
see

Forc. d. Piza
2491 m

1799 m

Col Turond
2419 m

CRESPEINA HOCHFLÄCHE

Stevia Schwaige
2312 m

L A N G E N T A L

G e i s l e r

Crespeinasee

Crespeina-Joch
2528 m   2667 m

Ruine Wolkenstein

Monte de Sëura
2577 m

C H E D U L I A L

Cir-Joch
2469 m

Rif. Forcelles
2101 m

WOLKENSTEIN IN GRÖDEN
SELVA DI VAL GARDENA

Tschierspitzen
2592 m
2527 m

KOLFUSCHG
COLFOSCO

242

G R Ö D N E R   T A L

DANTERCÉPIES

PLAN

Grödnerjoch
Passo Gardena
2137 m

242

Mesuleshütte

Nebelreißen in den Zacken und Türmen der Geissler-Gruppe

dern wir das Langental. Der Weg führt fast eben durch eine ausgedehnte Felshochfläche zum **Ciampai-Joch** (5.15 Std.), das wir nach einem Abstieg durch eine kurze Rinne erreichen. Von hier setzt sich der Weg Nr. 2 nach Süd-Westen über die **Crespeina-Hochfläche** fort: eine Landschaft wie eine Felswüste. Zuerst ansteigend, dann fast eben überqueren wir die Mulde mit dem Crespeina-See (Lech di Crespeina) und erreichen nach einem steileren Anstieg das Crespeina-Joch (6 Std.). Von hier geht es kurz und steil hinab und nach einem ebenen Wegstück wieder hinauf bis zum **Cir-Joch** (6.20 Std.).

Der Abstieg zum Grödnerjoch führt durch eine faszinierend schö-

ne Landschaft: Große Felstrümmer und schroffe Felswände bilden bizarre Formationen, die der Fantasie keine Grenzen setzen. Fels und Stein wirken hier wie ein kunstvoll erstelltes Bühnenbild. Nach der Eintönigkeit der grauen Felsenwelt sind uns die Blumen, Bäume und Wiesen in den tieferen Lagen besonders willkommen. Der weitere Weg hinab zum Joch, das wir schon bald unter uns sehen können, ist gut markiert und stellt keine besonderen Anforderungen. Von der Liftstation führt ein Wirtschaftsweg nach schräg rechts direkt zu den Hotelanlagen auf dem **Grödnerjoch/Passo Gardena** (7 Std.).

Besteigung des Sellamassivs

Vom Grödnerjoch zur Boèhütte

Nach der Puez-Gruppe erwartet uns das Plateaugebirge der Sella. In die Ränder dieser ausgedehnten Felshochebene auf nahezu rechteckiger Basis sind gewaltige Schluchten eingekerbt, die der Landschaft einen besonderen Reiz verleihen. Vom Piz Boè, einem unschwierigen Dreitausender, bietet sich ein grandioses Panorama.

DIE ETAPPE IN KÜRZE

+++
Anspruch

4.30 Std.
Gehzeit

950 m
Anstiege

250 m
Abstiege

Charakter: Hochalpine Wanderung, die insbesondere in den Klettersteigpassagen und bei der Gipfelbesteigung Trittsicherheit und Schwindelfreiheit verlangt.

Wanderkarten: Kompass-Wanderkarte 1:50 000 Nr. 59; Tabacco Wanderkarte 1:25 000 Nr. 07

Einkehrmöglichkeiten: Pisciadùhütte

Unterkunft: Boèhütte/Rifugio Boè (Bamberger Hütte), 2871 m, Tel. 0039/0471 84 73 03 (CAI/SAT-Sektion Trento; 38 Betten, 31 Lager; 20. Juni–20. Sept.); Rifugio Capanna Piz Fassa, 3152 m, Tel. 0039/0462 60 17 23 (privat; 12 Lager; 20. Juni –20. Sept.); Achtung: die Hütte bietet nur beschränkt Übernachtungsmöglichkeiten, eine Voranmeldung ist zu empfehlen.

Hinweise: Auf dem scheinbar harmlosen Sella-Plateau sei besonders vor Wetterumschwüngen gewarnt; auf einer Durchschnittshöhe von 2850 m ist Schneefall nicht selten.

Hinter dem Berghaus Frara am **Grödnerjoch/Passo Gardena** folgen wir dem Weg Nr. 666 zu unserem ersten Etappenziel, der Pisciadùhütte. Über den begrasten Nordrücken des Sass de la Luesa und weiter die Westflanke empor gelangen wir links unter den Nordwänden des Berges über einen Geröllhang zur gewaltigen Kluft des **Val Settus** (30 Min.), die den gesamten Nordabsturz des Sellastockes durchfurcht. Hier heißt es noch einmal durchatmen, bevor man den Steig rechts aufwärts in das von senkrechten Wänden flankierte Tal in Angriff nimmt.

Langsam, aber stetig geht es in vielen Kehren über Geröll in die Höhe. Weiter oben, bei einer auffälligen Wand, verzweigt sich das Tal, wir folgen dem Steig links aufwärts. Im weiteren Anstieg erreichen wir die rechte Begrenzung einer Schlucht, über die ein mit Drahtseilen und Eisenstiften gesicherter Steig steil über Felsen empor führt (1.30 Std.).

Auch bei so gepflegten Steiganlagen wie dieser empfiehlt sich, dann

Bei schönem Wetter herrscht Hochbetrieb in der Hütte, denn das Plateaugebirge der Sella ist ein Paradies für Kletterer. Einer der beliebtesten Kletterwege ist der luftige Pisciadù-Klettersteig, der durch die Nordflanke direkt zur Hütte hinauf führt. Die schön gelegene Hütte lädt zum Verweilen ein, schon allein um die wilde Felsszenerie mit dem tiefgrünen Pisciadùsee ganz zu erfassen. Von der Schulter schräg links von der Hütte bietet sich ein Rundblick, der bis zu den Gletschern der Zentralalpen reicht.

Von der Pisciadùhütte geht es weiter auf dem Weg Nr. 666 in Richtung Boëhütte. Links am Bergsee vorbei steigen wir unter den Westwänden des Cima Pisciadù über Geröll empor. Wenig später folgen wir nach links dem markierten Steig, der in Serpentinen steil hinauf über Geröll in das **Val de Tita** führt.

Durch das mit Schotter und Schneeflecken bedeckte Tal gelangen wir zum **Bamberger Sattel** (3 Std.). Hier zweigt nach links ein Steig zum Gipfel Cima Pisciadù ab. Unser Weg zur Boëhütte setzt sich zunächst weiter geradeaus fort, dreht sich dann nach rechts (Westen) und erreicht im Anstieg die große, trostlose **Sella-Hochfläche** (3.30 Std.), auf der kein Halm wächst. Schräg nach links, über das Plateau, gelangen wir abwärts – vorbei am Rechtsabzweig des Weges Nr. 649 – zum **Zwischenkofelsattel** (3.45 Std.). Nachdem von rechts Weg Nr. 647 eingemündet ist, führt der Weg unschwierig in Kehren über gerölliges Gelände zum **Zwischenkofel** (4 Std.) empor. Der Blick nach links in das Val de Mesdi – das Mittagstal – zählt zu den Höhepunkten der Etappe. Der Fels fällt hier extrem steil ab und der Blick auf die Steilwände und Türme

und wann einen Blick auf die Drahtseile und Stifte zu werfen, bevor man weitergeht. Vor Verletzungen durch eventuell hervorstehende Drähte schützen Handschuhe. Die Passage ist für den, der schon bis hierher gekommen ist, absolut unkritisch und nach 20 Min. überwunden. Am Ende erreichen wir eine ausladende Schutterrasse und folgen dem Weg schräg links, schließlich sanft abwärts zur **Pisciadùhütte/Rif. F. Cavazza al Pisciadù** (2 Std.).

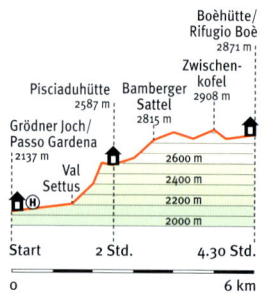

im wilden Felskessel ist wahrhaft schwindelerregend.

Direkt vor uns blicken wir bereits auf die Boèhütte am Fuße des Piz Boè. Ohne Schwierigkeiten gelangen wir auf dem markierten Weg vom Zwischenkofel wieder hinunter zu einem Sattel und weiter durch gerölliges Gelände der Sella-Hochfläche sanft aufwärts zur **Boèhütte/ Rifugio Boè** (4.30 Std.).

Aufstieg zum Piz Boè

Von der Boèhütte aus kann man in einer Dreiviertelstunde den 3152 m hohen Gipfel des Piz Boè besteigen. Er gilt als der am wenigsten schwierige Dreitausender in den Dolomiten. Für den Aufstieg zu dem emporragenden Felskegel folgt man den Wegspuren (Markierung Nr. 638) über Geröll, steigt dann einen engen Felsabsatz hinauf (Drahtseilsicherung) und erreicht weiter über Geröll den breiten Kamm, der zum Gipfel führt.

Neben einem alten Telefonreflektor befindet sich auf dem Gipfel die kleine, privat geführte Hütte **Capanna Piz Fassa**, die Rast- und sogar beschränkte Übernachtungsmöglichkeit bietet. Die Rundsicht ist unbegrenzt und zieht jeden in seinen Bann: Marmolada, Pala, Civetta, Pelmo, Langkofel, Rosengarten – alle berühmten Berge der Dolomiten präsentieren sich hier.

Der **Abstieg** vom Rifugio Capanna Piz Fassa erfolgt über den Südwestgrat, der sich nach ca. 50 Min. mit dem Weg Nr. 627 der Normalroute verbindet.

Die Boèhütte

18

Tag

Großartiger Höhenweg

Von der Boèhütte zum Rifugio E. Castiglioni

Nach dem Abstieg vom Sellastock zum Passo Pordoi geht es auf einem der schönsten »Spaziergänge« der Dolomiten zum Stausee Lago di Fedaia. Die Wanderung führt durch geologisch interessantes Gebiet und bietet herrliche Ausblicke auf die »Königin der Dolomiten«: die Marmolada.

DIE ETAPPE IN KÜRZE

++

Anspruch

5.30 Std.

Gehzeit

200 m

Anstieg

1050 m

Abstieg

Charakter: Der Abstieg von der Pordoischarte durch ein steiles Schuttkar und das letzte Stück hinab zum Lago di Fedaia erfordern Trittsicherheit.

Wanderkarten: Kompass-Wanderkarte 1:50 000 Nr. 59; Tabacco Wanderkarte 1:25 000 Nr. 07

Einkehrmöglichkeiten: Rifugio Forcella Pordoi, Passo Pordoi, Rifugio Fredarda, Rifugio Viel de Pan

Unterkunft: Rifugio E. Castiglioni, 2044 m, Tel. 0039/0462/60 11 17 (privat; 70 Betten; ganzjährig geöffnet)

Hinweise: Keine Einkaufsmöglichkeiten am Lago di Fedaia

Von der **Boèhütte/Rifugio Boè** treten wir wieder auf die verwitterte Felslandschaft der Sella-Hochfläche hinaus. Diese Art Mondlandschaft scheint so gar nichts Lebendiges zu beherbergen. Doch dieser Eindruck täuscht: Das ganze Jahr sind Steinböcke anzutreffen, Kolkraben und Alpendohlen bauen in den Klüften der Dolomitenfelsen ihre Nester. Auch der kreisende Steinadler kann mit etwas Glück gesehen werden.

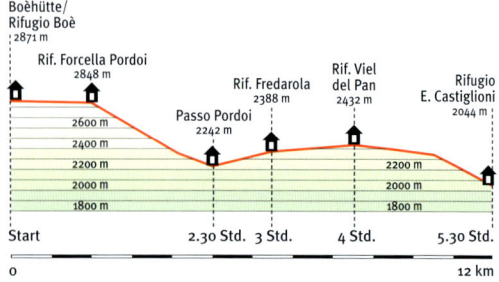

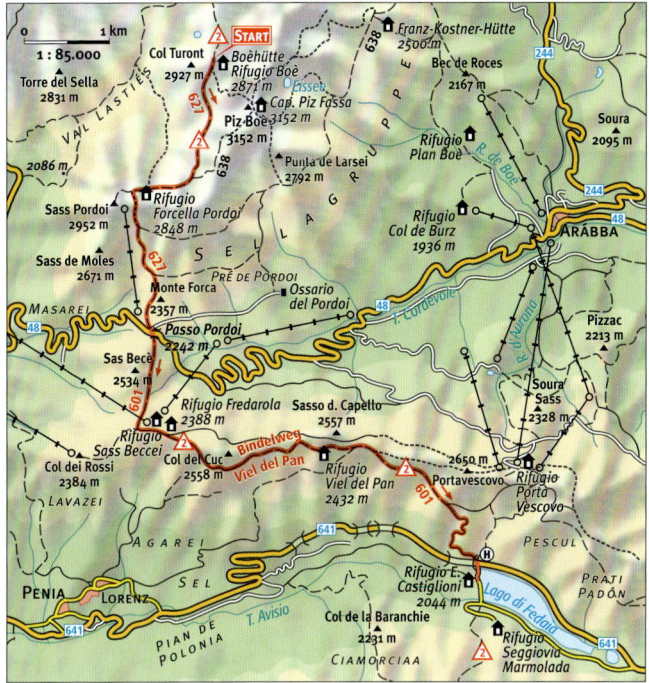

Der gut markierte Weg Nr. 627 leitet uns rechts (südwärts) Richtung Pordoischarte über den weiten Sattel zwischen dem Piz Boè (links) und dem Col Turond (rechts). Fast eben geht es an der gerölligen Westflanke des Piz Boè entlang. Vorbei am Abzweig des Weges Nr. 638, der über den Südwestgrat zum Gipfel des Piz Boè hinaufführt, erreichen wir schließlich das kleine **Rifugio Forcella Pordoi** auf der **Pordoischarte** (45 Min.).

Von hier bietet sich ein herrlicher Blick zurück auf die majestätische Pyramide des Piz Boè. Der untere Teil des Berges besteht aus sogenanntem Hauptdolomit, dem nach oben helle, eng gefaltete Jurakalke folgen. Von der Bergstation am Sass Pordoi strömen an schönen Tagen zahlreiche Wanderer wie bunte Ameisen herunter zum Rifugio Forcella Pordoi. Sie haben sich vom Passo Pordoi mit der Seilbahn über 700 m in die Höhe tragen lassen. Der Blick in das schuttbedeckte Steilkar hinunter zum Passo Pordoi flößt Respekt ein. Der Abstieg durch die von senkrechten Wänden flankierte Schlucht erfordert Konzentration und Trittsicherheit. Zahlreiche Kehren erleichtern den Abstieg und bieten immer wieder Gelegenheit zum Verschnaufen und Schauen. Rechts erheben sich eindrucksvoll die steilen Wände des Sass Pordoi, und nicht selten sind Stimmen von Kletterern zu vernehmen, die sich irgendwo in den Wänden befinden. Geradeaus, im Südosten, erhebt sich eindrucksvoll die Marmolada,

der höchste Berg der Dolomiten. Am Ende des Steilkars geht der Pfad in einen guten Weg über, der über Blöcke hinab zu einer grasigen Schulter führt. Durch die Schuttrinne links der Schulter gelangen wir zur Graskuppe des Monte Forca und von hier weiter über Wiesen hinunter zum **Passo Pordoi** (2.30 Std.)

Am Passo Pordoi herrscht reger Betrieb, das war schon von weiter oben zu sehen. Die zahlreichen Souvenirläden, Hotels, die Autos und die vielen Menschen erscheinen nach Überschreitung der einsamen Felswüste wie ein ausgelassener Jahrmarkt. Der Pass, über den heute die Grenze zwischen den Provinzen Trentino und Belluno verläuft, ist von alters her ein wichtiger Übergang vom Fassa- ins Buchensteintal. Eine Kriegsgäberstätte unweit des Passes erinnert an die Gefallenen der beiden Weltkriege. In dem wuchtigen, achteckigen Steinbau wurden die Gebeine von mehr als 8000 österreichischen und deutschen Soldaten bestattet. An die Frontlinie, die einst über den Pass verlief, erinnert heute sonst nichts mehr.

Vom Passo Pordoi bis zum Lago di Fedaia folgen wir dem **Viel del Pan,** dem »Brotweg«. Einst sollen Bauern auf diesem Pfad ihr Getreide zu den Mühlen auf der Seiser Alm transportiert haben. Heute trägt er, zu Ehren

Blick vom Plateau der Sella auf den Padonkamm und die vergletscherte Marmolada

Hier erwartet uns ein schöner Panoramablick: Im Osten liegt tief unten die Passstraße, die hinab in das Buchensteintal führt. Dahinter erheben sich am Horizont die Berge der Fanes und die Gipfel der Tofane, im Südwesten steht das Gipfelhalbrund der Langkofel-Gruppe und im Westen der Rosengarten.

Vor der Hütte folgen wir dem bequemen Weg Nr. 601 und gehen bei der nächsten Gabelung halbrechts am Südhang des Padonkamms weiter. Eben oder sanft aufwärts queren wir die Südflanken des Col del Cuc und des Sass Capel und gelangen schließlich zu dem aussichtsreich auf einer Felsschulter gelegenen **Rifugio Viel del Pan** (4 Std.). Die Weitsicht von dem privat bewirtschafteten Gasthaus ist grandios. Nach Südosten reicht der Blick über den Stausee Lago di Fedaia bis zur mächtigen Steilwand der Civetta.

Der Weg Nr. 601 wird nun schmaler und führt uns in leichtem Auf und Ab zu einer **Scharte** (4.30 Std.) im Padonkamm, von der wir noch einmal auf den Piz Boè, die Fanes-Berge und auf Arabba blicken können. Sanft abwärts steigend erreichen wir eine Weggabelung (5 Std.), bei der wir uns rechts halten (der Weg nach links ist eine längere, dafür weniger steile Variante). In Kehren geht es über Wiesenhänge und durch lichten Wald steil abwärts. Konzentration und Trittsicherheit sind gefordert. Am Ende führt der Weg über eine schrofig-bewaldete Flanke hinunter zur Staumauer. Gleich gegenüber der Fedaia-Passstraße liegt das **Rifugio E. Castiglioni** (5.30 Std.).

des Alpinisten, der ihn 1903 instand setzen ließ, den Namen Bindelweg. Der bequeme und viel begangene Weg führt an den Südhängen des Padonkamms entlang, der einst durch unter Wasser ausgeworfene Lava entstand. Im Sonnenschein stehen die mächtigen, dunklen Lavastöcke im Kontrast zum gleißenden Gletscher der Marmolada, der mit rund 3 km² das größte Eisfeld der Dolomiten ist.

Auf dem Weg 601 geht es zunächst Richtung Rifugio Sass Beccei an einer Kapelle vorbei, unter der Sass-Becè-Ostwand weiter hinauf zu einem Wiesensattel und dann links zum **Rifugio Fredarola** (3 Std.).

19
Tag

Blumenpracht am Wege

Vom Rifugio E. Castiglioni nach Alleghe

Höhepunkte des heutigen Tages sind die Felsschlucht Serrai und das blumengeschmückte Bauerndorf Sottoguda. Abseits der Hauptstraße führt ein bequemer Wanderweg zum reizvollen Fremdenverkehrsort Alleghe.

DIE ETAPPE IN KÜRZE

+
Anspruch

4.30 Std.
Gehzeit

1100 m
Abstieg

Charakter: Einfache Talwanderung auf guten Wegen.

Wanderkarten: Kompass-Wanderkarte 1:50 000 Nr. 59; Tabacco Wanderkarte 1:25 000 Nr. 015

Einkehrmöglichkeiten: zahlreiche Einkehrmöglichkeiten unterwegs, u. a. Hotel Roy, Hotelanlage in Malga Ciapela, Pension La Montanara in Sottoguda, Gasthaus in Caprile

Unterkunft: in 32022 Alleghe: Hotel Coldai, Via Coldai 13, Tel. 0039/0437 52 33 05; Hotel Alle Alpi, Piazza Kennedy 26, Tel. 0039/0437 52 33 10; Hotel Valgranda, Corsa Italia 15, Tel. 0039/0437 52 33 42

Ende des dritten Tourenabschnitts: Ab Alleghe mit dem Bus nach Bozen

Information: Uffici Informazioni Alleghe, Piazza Kennedy, I-32022 Alleghe, Tel. 0039/0437 52 33 33

Einkaufen: In Alleghe können Einkäufe jeglicher Art getätigt werden (Lebensmittel, Apotheke, Bank, Post usw.).

Vom **Rifugio E. Castiglioni** geht es über die Staumauer und dann links auf der Fahrstraße am **Lago di Fedaia** entlang zum **Passo Fedaia** (30 Min.). Zwischen dem Rifugio gleichen Namens und dem Parkstreifen danach biegen wir den Weg rechts hinunter zur **Pian de Lobbia** ab, laufen an den alten, verlassenen Holzhäusern vorbei und treffen kurz darauf in Höhe einer Bushaltestelle wieder auf die Passstraße (50 Min.). Dieser folgen wir abwärts bis zur nächsten Kehre, biegen hier links auf die alte Passstraße ab und folgen kurz vor deren Ende wieder links einem Pfad zur Passstraße. Diese queren wir problemlos und gehen auf dem breiten Weg rechts der Straße talwärts über eine Skiwiese mit Liftanlagen. In Höhe des **Hotel Roy** (Bushaltestelle) treffen wir wieder auf die Passstraße (1.30 Std.), queren sie und folgen einem gewundenen Pfad weiter abwärts bis zur Ortschaft **Malga Ciapela** (1.30 Std.).

Am Ortseingang befindet sich die Talstation der kühn gebauten Marmolada-Seilbahn, die in mehreren Abschnitten bis auf 3270 m Höhe

Blumenpracht an einem Bauernhaus in Sottoguda

führt. Zur Linken steht eine große Hotelanlage, in der es diverse Geschäfte – auch einen Lebensmittel- und Ausrüstungsladen – gibt. Die Hauptstraße von Malga Ciapela führt auf direktem Weg in die beeindruckende Felsschlucht **Serrai di Sottoguda**. Schlagartig verstummt hier der Verkehr; nicht nur, weil hier keine Autos fahren dürfen, sondern auch unter dem Rauschen des Gebirgsbachs Torrente Pettorina.

Am Ende der schönen Felsschlucht erwartet uns die kleine Ortschaft **Sottoguda** (2 Std.). Die alten Bauernhäuser und der prächtige Blumenschmuck auf fast allen Fenster-bänken verleihen dem kleinen Ort eine herzliche Atmosphäre. Die Pension La Montanara an der Durchgangsstraße bietet sich als schöne Einkehrmöglichkeit an.

Wieder auf der Hauptstraße treten wir unmittelbar in die Ortschaft **Pian** ein. An ihrem Ende zweigt rechts ein gut ausgebauter und markierter Fuß- und Radweg ab, dem wir, abseits der Hauptstraße, nun bis nach Alleghe folgen werden. Hinweisschilder informieren regelmäßig über die zurückgelegte Strecke. Der Weg ist mal asphaltiert, mal geschottert, dann wieder nur ein Fußpfad. Er führt durch die kleinen Ort-

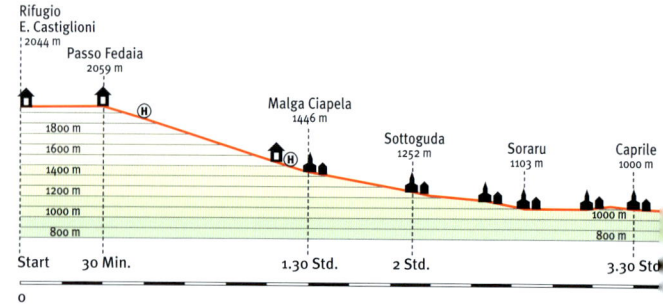

schaften **Col di Rocca, Soraru** (3.15 Std.), **Pezze** und **Saviner,** in denen viele Anwesen einen üppigen Garten besitzen, der mit farbenfrohen Bauernblumen geschmückt ist.

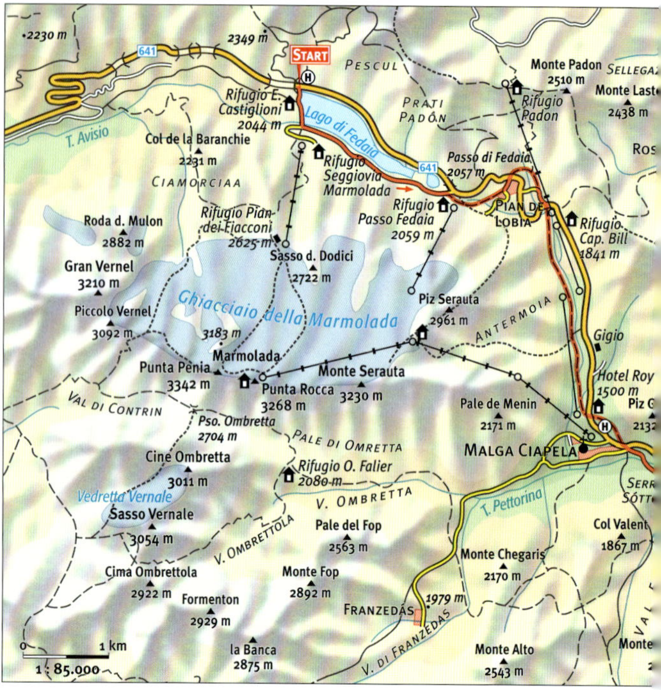

In Höhe der Ortschaft **Caprile** (3.30 Std.) bietet sich zum ersten Mal ein Blick auf die Civetta, deren Steilwand über den kleinen Häusern in den Himmel zu wachsen scheint. Weiter am Cordevole-Bach entlang erreichen wir schließlich den kleinen Ort **Le Grazie** (4 Std.) und queren wenig später auf einer Hängebrücke

den Cordevole-Bach (4.20 Std.). Auf dem asphaltierten Fußweg halten wir uns rechts und erreichen am Ufer des Lago di Alleghe in wenigen Minuten die ersten Anwesen von **Alleghe** (4.30 Std.).

Alleghe
979 m
razie
m

4.30 Std.

19 km

Alleghe

Alleghe ist ein lebhafter Fremdenverkehrsort, der mit seinen zahlreichen Hotels sommers wie winters Gäste anlockt. Dabei hat sich der Ort mit seinem gemütlichen Ortskern und vielen alten Häusern einen sympathischen Charme bewahrt. Weil der Platz am Ufer begrenzt ist, zieht sich die Gemeinde bis weit in die Hänge unterhalb der Civetta hinauf.

Der 1,5 km lange und bis 18 m tiefe **Lago di Alleghe** entstand durch einen Bergrutsch vom Monte Piz, der am 11. Januar 1771 zu Tal stürzte und den Cordevole-Bach staute. In den Fels- und Erdmassen sowie in den aufgestauten Fluten versanken acht Weiler.

Im Bann der Civetta

Von Alleghe zum Rifugio Tissi

Ein Tag der Erholung, wenn die knapp 1000 Höhenmeter Anstieg in das Gebiet zwischen dem Bergriesen Monte Pelmo und dem Felskamm der Civetta mit Gondel und Lift zurückgelegt werden. Höhepunkt ist der Spazierweg entlang der Civetta-Nordwestwand – der »Wand der Wände« – sowie der aussichtsreiche Gipfel des Col Rean.

DIE ETAPPE IN KÜRZE

Anspruch +

Charakter: Dank der Liftanlagen einfache hochalpine Wanderung ohne bergtechnische Schwierigkeiten.

Unterkunft: Rifugio Tissi, 2262 m, Tel. 0039/ 0437 72 16 44 (CAI-Hütte Sektion Belluno; 50 Betten; 20.6.–20.9.)

Gehzeit 3.30 Std.

Markierung: Die Wanderung folgt ab der Almhütte Malga Pioda dem Dolomitenhöhenweg Nr. 1 (blaues Dreieck).

Fahrzeiten: Seilbahn und Liftstation von Alleghe zum Col dei Baldi Ende Juni–Mitte Sept. 8.30–17.30 Uhr; Auffahrt etwa 30 Min.

Anstieg 700 m

Wanderkarten: Kompass-Wanderkarte 1:50 000 Nr. 77; Tabacco Wanderkarte 1:25 000 Nr. 025

Zu Fuß zum Col dei Baldi: Wer sich den strammen Aufstieg nicht ersparen will, folgt dem Weg Nr. 564, der bei den höher gelegenen Bauernhäusern am östlichen Ortsende von Alleghe beginnt und im wesentlichen dem Gebirgsbach Ru dell Aiva folgt.

Abstieg 400 m

Einkehrmöglichkeiten: Col dei Baldi, Casera di Pioda (nur in der Hochsaison), Rifugio Coldai.

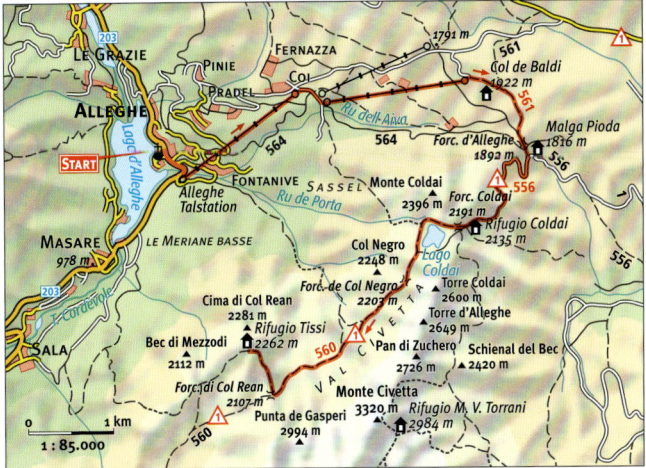

Von der **Liftstation** in **Alleghe,** die sich am Ortsausgang Richtung Masare befindet, schweben wir in einer modernen Kabine zur kleinen Ansiedlung **Coi** auf 1456 m. Hier folgen wir der kleinen Fahrstraße rechts einige hundert Meter leicht bergab und erreichen kurz darauf über eine Holzbrücke die **Talstation des Sessellifts,** der uns bequem weiter hinauf zum **Col dei Baldi** auf 1922 m schaukelt.

Die Bergwelt rings um diesen Vorberg der Civetta wird vom 3168 m hohen Alpenriesen Monte Pelmo dominiert, der sich stolz und einsam im Osten jenseits des Val di Zoldo erhebt. Von Westen nach Osten gruppieren sich viele berühmte Gipfel der Dolomiten, die im Verlauf des weiteren Anstiegs immer besser zu sehen sein werden: Marmolada, Langkofel- und Sella-Gruppe, Puez und Peitlerkofel, Fanes und Tofana, Monte Cristallo, Drei Zinnen und Zwölferkofel.

Von der Liftstation folgen wir dem breiten, rot-weiß markierten Weg Nr. 561 geradeaus Richtung Malga Pioda/Rifugio Coldai. Sanft abwärts

durch eine kleine Senke geht es auf dem mit Lärchen und Fichten bewachsenen Bergzug zum flachen Wiesensattel der **Forcella di Alleghe** und zur nahegelegenen Almhütte **Malga Pioda** (50 Min.), die nur im Hochsommer bewirtschaftet wird.

Die Wanderung folgt von hier an dem Dolomiten-Höhenweg Nr. 1, der vom Pragser Wildsee im Pustertal (Südtirol) bis an die Schwelle der venezianischen Tiefebene, zur Stadt Belluno führt. Auf dem gut ausgebauten Weg Nr. 556 gelangen wir in weiten Kehren über die Ostflanke des Mount Coldai hinauf zum **Rifugio A. Sonino al Coldai** (1.45 Std.). Die Schutzhütte der Sektion Venedig des italienischen Alpenvereins CAI wurde 1905 errichtet, im Zweiten Weltkrieg von der deutschen Wehrmacht zerstört und später mit finanzieller Hilfe der Eltern eines in den Civetta-Türmen tödlich verunglückten Bergsteigers wieder aufgebaut.

Rechts an der Schutzhütte vorbei geht es weiter auf dem Weg Nr. 560 durch eine Geröllmulde steil hinauf zur **Forcella Coldai** (2 Std.). Nach der

95

*Die Westwand
der Civetta*

Scharte zwischen dem Monte Coldai rechts und dem Civetta-Massiv öffnet sich ein eindrucksvolles Hochgebirgsbild: Unmittelbar zu unseren Füßen liegent der grün schimmernde Bergsee Lago Coldai. Wir befinden uns jetzt am Anfang einer dem Civetta-Massiv vorgelagerten breiten Rampe, die mehrere Kilometer parallel zum Hauptkamm verläuft.

Über schrofiges Gelände steigen wir zu dem eiszeitlichen Bergsee **Lago Coldai** ab (schöner Rastplatz!). Die grünen Matten um den See herum sind von unschönen weißen Trampelpfaden zerfurcht, eine Folge der Nichteinhaltung von Wegen. Mit jedem Tritt wird die Grasnarbe ein Stück mehr zerstört. Die kurze Vegetationsperiode und die extremen Witterungsbedingungen im Gebirge erschweren die Bildung neuer Grasnarbe, bis über kurz oder lang der blanke Fels hervortritt. Ein kleiner Abstecher zum Wiesenhang am rechten Seeufer lohnt wegen des atemberaubenden Tiefblicks auf das fast 1200 m tiefer liegende Alleghe mit dem Lago di Alleghe. Darüber erhebt sich rechts das mächtige Pult der Marmolada und daneben das Felsplateau der Sella.

Weiter auf dem Steig (Nr. 560 und 1) geht es am rechten Seeufer erst mäßig steil, dann in einem kurzen aber kräftigen Anstieg empor zur **Forcella di Col Negro** (2.15 Std.). Hier bei der Scharte tritt man in die karge Felsenwelt der Civetta ein. Bald steht in voller Größe die »Wand der Wände«, die mächtige 1000 m hohe Nordwestwand der Civetta vor uns. Sie wurde erstmals 1925 von zwei deutschen Bergsteigern durchstiegen. Nahe dem Wandfuß lockt ein ebener Steig durch Geröllfelder, der allerdings extrem steinschlaggefährdet ist. Wir folgen deshalb weiter dem Steig halb rechts, der zunächst in Kehren hinunter in eine grüne Mulde des **Val Civetta** führt. Rechts unten im Tal leuchtet grün der Lago di Alleghe. Vor uns an der Gipfelflanke des Col Rean, die 1200 m tief zum Alleghe See abstürzt, können wir bereits das Rifugio Tissi erkennen. Der Weg dorthin führt zunächst über Wiesenhänge bergauf zum Sattel **Col Rean**, vor dem unmittelbar rechts ein Steig abzweigt, auf dem wir die letzten 150 Höhenmeter bis zum **Rifugio Tissi** (3.30 Std.) zurücklegen.

Der Gipfel des Col Rean liegt nur wenige Minuten von der Hütte entfernt und bietet besonders im Abendlicht eine großartige Sicht auf ein Meer von Gipfeln.

Unter steilen Wänden

Vom Rifugio Tissi zum Passo Duran

Durch das Hochtal Val Civetta geht es über blumenreiche Matten und an haushohen Felsblöcken vorbei in das wenig bekannte und kaum erschlossene Bergland um die Moiazza-Gruppe in den südlichen Dolomiten.

DIE ETAPPE IN KÜRZE

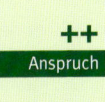
++
Anspruch

6.30 Std.
Gehzeit

600 m
Anstieg

1250 m
Abstieg

Charakter: Relativ lange, aber unschwierige Höhenwanderung, die bei den Anstiegen Ausdauer erfordert. Die Querung zahlreicher Geröll- und Blockfelder erfordert Trittsicherheit.

Markierung: Die Wanderung folgt dem Dolomitenhöhenweg Nr. 1 (blaues Dreieck).

Wanderkarten: Kompass-Wanderkarte 1:50 000 Nr. 77; Tabacco-Wanderkarte 1:25 000 Nr. 025

Einkehrmöglichkeiten: Rifugio Vazzoler, Rifugio Carestiato

Unterkunft: Rifugio San Sebastiano, 1605 m (privat; 15 Betten, 25 Lager; ganzjährig geöffnet); Fam. Cordella, Passo Duran, I-32010 Goima di Zoldo Alto (BL), Tel. 0039/0437 623 60; Rifugio Passo Duran »C. Tomè«, 1605 m, Tel. 0039/0437 65199 (Betten und Lager)

Vom **Rifugio Tissi** gehen wir den Steig vor der Hütte hinunter bis zum querlaufenden Weg Nr. 560 im Val Civetta. Hier wenden wir uns nach rechts und wandern bequem zur nahen **Forcella di Col Rean** (15 Min.) hinauf. Von hier führt der Weg sanft bergab durch das schwach bewaldete, weite Hochtal bis zu einer Wiesenebene (50 Min.). Hier können uns frei laufende Haflinger begegnen, die grasend ihr Frühstück einnehmen. Kurz darauf kommen wir an den verfallenen Almhütten der **Cason di Col Rean** vorbei, Zeichen dafür, dass die Besiedelung einst weit in die Hochregionen hinauf reichte.

Aus wirtschaftlicher Not wurde jedes zugängliche Fleckchen Land für die Viehwirtschaft genutzt. Leichtere Verdienstmöglichkeiten im Tal haben schließlich zur allmählichen Aufgabe der Almen geführt.

Neben einem Bach steigen wir die flache Wiesenmulde aufwärts und halten auf den mit Latschenkiefern bewachsenen Bergsattel **Sella di Pelsa** zu. Nach links (Süden) bietet sich ein schöner Ausblick auf den kühnen Felsturm Torre Venezia. Rechts dahinter erhebt sich ein Teil der Moiazza-Gruppe und noch weiter rechts in der Ferne die Feltriner Dolomiten. Vom Sattel folgen wir dem bequemen Weg Nr. 560 weiter, der über blumenreiche Matten und an haushohen Felsblöcken vorbei sanft abwärts zur Ebene **Pian di Pelsa** führt. Durch ein hölzernes Drehkreuz treten wir wieder in ein Wäldchen ein. Der mäßig steil abwärts führende Steig trifft wenig später auf einen Wirtschaftsweg. Die Gebäude auf der rechten Seite gehören noch nicht zum Rifugio Vazzoler, sondern zur privaten Jagdhütte **Casa Favretti** (1.30 Std.). Wir folgen dem jetzt steil abwärts führenden Wirtschaftsweg weiter nach links und erreichen wenig später das **Rifugio Vazzoler** (1.45 Std.). Das 1928 erbaute Schutzhaus wird im Norden von den imposanten Türmen des Torre Venezia überragt. Von den zahlreichen Picknick-Bänken vor der Hütte lässt sich der Ausblick in Ruhe genießen. Neben der Hütte befindet sich außerdem ein kleiner botanischer Garten.

Vom Rifugio Vazzoler folgen wir dem Wirtschaftsweg Nr. 555 weiter abwärts durch lichten Nadelwald. In einem weiten Rechtsbogen geht es unter der Südwestwand des Torre Trieste entlang, vorbei am Abzweig des Weges Nr. 558, und dann in Serpentinen in das Valle Corpassa hinab. Bei der dritten Spitzkehre biegen wir nach links in den Weg Nr. 554 Richtung Rifugio Carestiato ab (2.15 Std.) Nun steht uns ein anstrengender Aufstieg durch den bewaldeten Berghang bevor. Lärchen, Latschen und Wiesen wechseln sich ab. Unter den Westabstürzen der Moiazza-Gruppe müssen wir auch immer wieder einige Geröllfelder queren. Vom **Sattel** (4.15 Std.) zwischen dem Col Palanzin (rechts) und dem Cima delle Nevere (links) bietet sich ein schöner Blick zurück auf den Pelsa-Kamm mit dem Torre Venezia sowie zur Cima della Busazza mit dem Torre Trieste davor.

Der Pfad verläuft knapp über der Baumgrenze und ist stellenweise recht mühsam. Unter den Steilwänden der Moiazza-Gruppe steigen wir durch Latschenfelder und über Schutthalden weiter schräg rechts empor zu einer Anhöhe zwischen dem Col dell Orso rechts und den Moiazza-Wänden. Über Geröllhänge erreichen wir am Ende der südlichen Ausläufer der Moiazza-Gruppe die verfallenen Hütten der Alm **Casera di Camp.**

Nach den Hütten teilt sich der Weg. Wir gehen nach links den begrünten Hang in Kehren hinauf zur Sella di Camp. Dort treten wir in einen Lärchenwald ein und folgen in einem weiten Rechtsbogen dem Weg Nr. 554 links am Berghang entlang. Der Weg ist gut sichtbar, aber sehr mühsam. Immer wieder muss größeren Steinen ausgewichen wer-

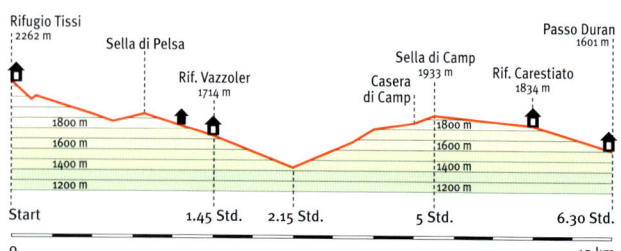

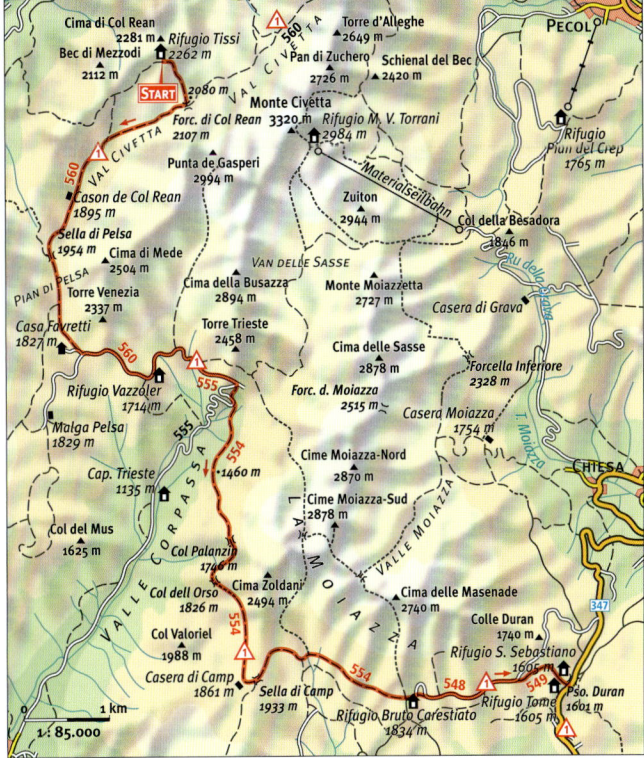

den, nie verläuft der Weg ein längeres Stück geradeaus. An den folgenden Wegzweigen halten wir uns immer links Richtung Rifugio Carestiato. Unter den Steilwänden des Cresta delle Masenade queren wir eine Blockhalde. Dann erreichen wir über die vorspringende, mit Latschen bewachsene Schulter des Col di Pass das **Rifugio Carestiato** (5.45

Std.), wo man einkehren und auch übernachten kann.

Ein kleiner Pfad vor der Hütte führt uns weiter durch ein Waldstück hinab und mündet in einen Wirtschaftsweg. Diesem folgen wir bis zum Abzweig des Weges Nr. 549, der rechts über eine Wiese hinab zum **Passo Duran** (6.30 Std.) führt. Die Rifugi liegen nebeneinander an der Passstraße.

22

Tag

Weltentrückte Gipfelgrate

Vom Passo Duran zum Rifugio Pian de Fontana

Die Bergwelt zwischen der Tamer-, Pramper- und Talvener-Gruppe gehört zur einsamen und wenig bekannten Hochgebirgsregion der Belluneser Dolomiten. Zum ersten Mal bekommt man eine Ahnung davon, dass die Berge nun nach Süden auslaufen.

DIE ETAPPE IN KÜRZE

+++
Anspruch

7 Std.
Gehzeit

1000 m
An-/Abstieg

Charakter: Anspruchsvolle, lange Hochgebirgswanderung, bei der viele Höhenmeter zu überwinden sind. Die gut markierten Steige erfordern Trittsicherheit; der Weg vom Rifugio Pramperet zum Rifugio Pian de Fontana ist stellenweise ausgesetzt.

Markierung: Die Wanderung folgt dem Dolomitenhöhenweg Nr. 1 (blaues Dreieck)

Wanderkarten: Kompass-Wanderkarte 1:50 000 Nr. 77; Tabacco-Wanderkarte 1:25 000 Nr. 025

Einkehrmöglichkeit: Rifugio Pramperet

Unterkunft: Rifugio Pian de Fontana, 1632 m, Tel. 0039/335 609 68 19 (CAI Sektion Longarone; 35 Betten; 15. Juni–15. Sept.)

Abkürzung: Die Tour kann beim Rifugio Pramperet (Tel. 0039/337 52 84 03) unterbrochen und auf 2 Tage verteilt werden.

Vom **Passo Duran** marschieren wir zunächst auf der im Ersten Weltkrieg angelegten, kaum befahrenen Passstraße (von Agordo nach Forno di Zoldo) nach rechts Richtung Agordo hinab. In einer lang gestreckten Rechtskurve, unmittelbar nach Querung eines Bachlaufs, verlassen wir die Straße und folgen nach links dem Weg Nr. 543 Richtung Rifugio

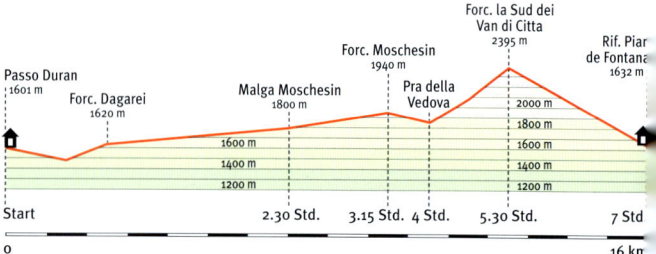

Passo Duran 1601 m · Forc. Dagarei 1620 m · Malga Moschesin 1800 m · Forc. Moschesin 1940 m · Pra della Vedova · Forc. la Sud dei Van di Citta 2395 m · Rif. Pian de Fontana 1632 m

2000 m · 1800 m · 1600 m · 1400 m · 1200 m

Start · 2.30 Std. · 3.15 Std. · 4 Std. · 5.30 Std. · 7 Std

0 · 16 km

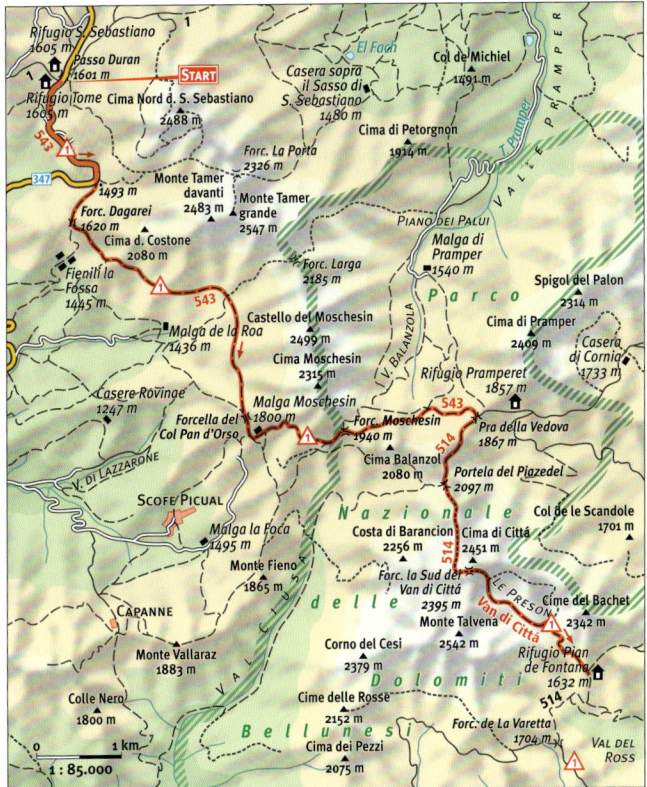

Pramperet den den Wald empor. In Höhe der **Forcella Dagarei** (45 Min.) treten wir wieder aus dem Wald hinaus und folgen dem Weg links an den Hängen weiter. Während der bevorstehenden mehrstündigen Querung bleiben wir immer dicht an der Baumgrenze und folgen nicht den ins Tal führenden Steigen.

Das Vorwärtskommen gestaltet sich auf dem verwachsenen Weg dennoch schwieriger als vermutet. Es geht durch eine wahre Wildnis aus Latschenkiefern, Geröll- und Blockfeldern. Unter der Cima del Costone und den Westabstürzen des Tamer-Massivs, die sich zur Linken

erheben, ist es völlig abgeschieden. Nach einem lichten Wäldchen steigen wir schließlich zur **Forcella del Col Pan d'Orso** empor und erreichen kurz darauf über eine Wiese die **Malga Moschesin** (2.30 Std.). Vor der Alm befindet sich ein schöner Brunnen, der zur Rast einlädt. Das größere Wohngebäude bietet außerdem einen Notunterstand.

Auf dem Weg Nr. 543 geht es weiter Richtung Rifugio Pramperet. Vorbei an einem Abzweig windet er sich steil zwischen Latschen hinauf auf den Rücken unter den Westhängen des Cima Moschesin. War der Weg bisher stellenweise recht mühsam,

so bessert sich nun die Wegbeschaffenheit stetig. Beim Tiefblick in das Val Ciusa und auf die Talvena-Gruppe links davon können wir zum ersten Mal erahnen, dass die Berge nun langsam nach Süden auslaufen. Auf dem mit Latschen und Matten begrünten Rücken liegen haushohe Felsblöcke, die einst von den Südhängen des Cima Moschesin herabgestürzt sind.

Vorbei an der Ruine einer Hütte erreichen wir, weiter geradeaus, eine kleine Hochebene und dann die **Forcella Moschesin** (3.15 Std.), die den Blick in das stille Valle Pramper freigibt. Die Scharte trennt die Tamer- und die Talvena-Gruppe. Zugleich beginnen hier die nördlichen Ausläufer des Nationalparks der Belluneser Dolomiten, der sich am südöstlichen Alpenrand über eine Fläche von rund 32 000 Hektar erstreckt und insbesondere zum Schutz der seltenen Flora in weiten Teilen dieser Region gegründet wurde.

Unterhalb der Scharte halten wir uns bei der Wegeteilung geradeaus über eine Wiese (nicht links abwärts in das Valle Pramper) und passieren auf einem steinigen, aber gut ausgebauten Steig die Nordflanke der Cima Balanzol. Kurz darauf haben wir den Wiesensattel **Pra della Vedova** erreicht (4 Std.). Hier treffen wir auf den quer laufenden Weg Nr. 514, dem wir rechts hinauf durch die Nordostflanke der Cima Balanzol folgen (links führt der Weg hinab zum Rifugio Pramperet, Einkehr- und Übernachtungsmöglichkeit, vom Wegzweig etwa 10 Min.).

Der unschwierige Steig führt über Latschenhänge weiter hinauf in die einsame Hochregion der Talvena-Gruppe zum breiten Grateinschnitt **Portela del Piazedel** (4.30 Std.).

Abstieg zur Pian de Fontana

Von der Scharte bietet sich ein phantastischer Ausblick nach Norden bis zu den Bergriesen Monte Pelmo und Civetta. Eigenwillig teilt sich vor uns der urtümliche Bergkessel Van di Città. Unser Weg Nr. 514 führt rechts an dem kleineren Berg in diesem Tal vorbei. Beim folgenden Abstieg über 700 Höhenmeter ist jeder Meter ein Erlebnis. Im ersten Teil sind einige Geröll- und Schuttfelder zu queren und erfordern erhöhte Aufmerksamkeit und Trittsicherheit. Ganz unbekümmert geben sich in dieser abgeschiedenen Berglandschaft die zahlreichen Gämsen, die sich in den weiten Geröllfeldern sichtlich wohl fühlen. Dasselbe gilt für die Murmeltiere, die im unteren, schrofigeren Teil des Tales anzutreffen sind. Die Gegend ist auch bevorzugter Lebensraum einer seltenen Vipernart. Es gilt also aus mehreren Gründen, die Augen offen und die Sinne wach zu halten.

Der felsige, steile und zum Teil mit langen Gräsern überdeckte Pfad hinab zum Rifugio Pian de Fontana erfordert am Ende noch einmal unsere ganze Aufmerksamkeit. Die farbenfrohe Blumenpracht am Wegesrand – sogar das seltene Edelweiß kann man entdecken – sowie der imposante Ausblick auf das Tal Val dei Ross vor uns und auf das Joch Forcella de la Varetta rechts mit der dahinter aufragenden Schiara-Gruppe veranlassen immer wieder eine Pause.

Auf einer begrünten Terrasse unter uns erscheinen schließlich die Dächer des **Rifugio Pian de Fontana,** das nach einigen weiteren Kehren erreicht ist (7 Std.).

Von hier geht es den plattigen Nordrücken der **Cime di Città** links empor. Auf dem weiten Hochkar erleichtern Steinmännchen sowie rote und blaue Wegmarkierungen die Orientierung. Zurück nach Norden bietet sich ein imposantes Panorama der zerborstenen und zerklüfteten Berggipfel, die so charakteristisch für die Dolomiten sind. Immer steiler ansteigend, zuletzt sehr steil durch schrofiges Gelände, gelangen wir unter den Westwänden der Cima di Città hinauf zu einer Scharte im Kamm des Costa di Barancion. Hier folgen wir dem breiten und nur an einigen Stellen ausgesetzten Grat nach links und erreichen schließlich noch weiter bergauf den höchsten Punkt des heutigen Tages, die **Forcella la Sud dei Van di Città** zwischen dem Monte Talvena (rechts) und und der Cime di Città (links) (5.30 Std.).

Die Via Ferrata Marmol

Vom Rifugio Pian de Fontana zum Rifugio 7° Alpini

Nördlich von Belluno, zwischen den Tälern von Cordévole und Piave, liegt die Schiara. Die Überschreitung dieser letzten Gebirgsbarriere mit Abstieg auf dem Klettersteig »Via Ferrata Marmol« ist ein unvergessliches Erlebnis.

DIE ETAPPE IN KÜRZE

+++
Anspruch

8 Std.
Gehzeit

1000 m
An-/Abstieg

Charakter: Anspruchsvolle, schwierige Bergtour, die Trittsicherheit, Schwindelfreiheit und Ausdauer verlangt. Die Überschreitung der Schiara erfordert Klettersteigerfahrung und eine gute stabile Wetterlage. Der Klettersteig kann auch umgangen werden (s. u.).

Markierung: Die Tour folgt dem Dolomitenhöhenweg Nr. 1 (blaues Dreieck).

Wanderkarten: Kompass-Wanderkarte 1:50 000 Nr. 77; Tabacco-Wanderkarte 1:25 000 Nr. 025 und 024

Einkehrmöglichkeit: Keine, deshalb im Rifugio Pian de Fontana mit ausreichend Proviant und Trinken versorgen (keine Bäche unterwegs).

Unterkunft: Rifugio 7° Alpini, 1502 m, Tel. 0039/0437 94 16 31 (CAI Sektion Belluno; 59 Betten; 15. Juni–30. Sept.)

Ausrüstung: Klettergurt und Helm (Steinschlaggefahr!). Die Ausrüstung kann im Vorfeld an eines der Gasthäuser auf dem Passo Duran (s. S. 11) geschickt werden.

Vom **Rifugio Pian de Fontana** folgen wir der roten Markierung (Weg Nr. 514). Es geht zunächst nach rechts sanft abwärts über eine Wiese und dann hinab durch einen lichten Buchenwald. Nachdem wir einen Bach-

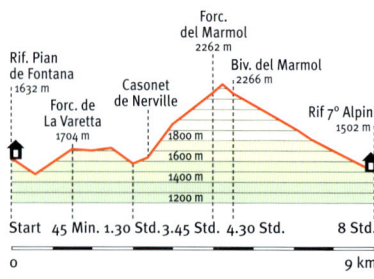

lauf gequert haben, verzweigt sich der Weg, wir gehen rechts Richtung La Varetta/Schiara weiter. Steil bergan durchsteigen wir wieder einen schattigen Buchenwald, queren einen weiteren Bachlauf und gelangen weiter aufwärts, mit schönem Ausblick links in das Val del Ross, zur **Forcella de La Varetta** (45 Min.). Hier steht der solide Bau der unbewohnten, als Notunterkunft dienenden **Casera de La Varetta**.

Beim Blick auf die Nordflanken der Schiara ist im Kamm eine auffällige Felsnadel zu erkennen. Ihr Name, »Gusela del Vescovà«, ist venezianisch und bedeutet tatsächlich »Nadel«. Früher, als man noch mit der Hand mähte, soll sie von den Almbauern auch »Wetzstein« genannt worden sein.

Ohne starke Höhenunterschiede führt der Weg weiter geradeaus durch die begrünte Flanke einer Bergschulter zwischen dem Col dei Gai und die Cime de la Scala. Dabei blicken wir nachrechts in das bewaldete Val del Vescovà mit dem Rifugio Bianchet. Der Weg verengt sich zeitweilig auf wenige Fußbreit und ist an einigen Stellen zugewachsen und exponiert. Die Abgeschiedenheit scheint dem seltenen und geschützten Edelweiß gut zu bekommen, denn es ist hier zahlreich vertreten.

Beim folgenden Wegzweig (1.30 Std.) im dichten Gebüsch folgen wir dem Hinweisschild nach links Richtung Forcella del Marmol/Rifugio 7° Alpini (Weg Nr. 514). Geradeaus geht es abwärts zum Rifugio Bianchet, diesen Weg nehmen diejenigen, die den Klettersteig über die Schiara umgehen möchten (s. S. 107).

Die dichte Vegetation lässt den Weg stellenweise zu einem Hindernislauf werden. An der **Casonet de**

Nerville lichtet sich das Buschwerk wieder. Auch diese mittlerweile in sich zusammengebrochene Hütte ist von mannshohen Brennesseln überwuchert. Die Natur bleibt hier oben sich selbst überlassen.

Nach der Ruine steigen wir durch das **Val de Nerville** schräg links einen mit hohem Gras und vielen Wildblumen bewachsenen Rücken hinauf. Dabei halten wir stets auf die vor uns liegende (nördliche) Schlucht zwischen dem Monte Pelf und dem Monte Schiara zu. Die Berglandschaft hier oben ist von wilder Schönheit und Ursprünglichkeit. Weite Teile des Schiaramassivs liegen im Nationalpark der Belluneser Dolomiten und genießen damit einen besonderen Schutz, der sie vor jeder Erschließung bewahrt.

Nahe dem Fuß der Schlucht zwischen dem Monte Pelf und dem Monte Schiara befindet sich eine kleine Mulde (2.45 Std.), die sich als letzter bequemer Rastplatz vor der Überschreitung anbietet. Zugleich

Einstieg in die Via Ferrata Marmol

ist hier eine gute Stelle, um die Klettersteigausrüstung anzulegen, da es auf der Scharte recht eng und luftig ist. Und schließlich kann man hier, bevor man in die graue Felswelt der Schiara aufsteigt, noch einmal alles bewundern, was Rang und Namen hat unter Alpenblumen: Alpenrosen, Steinbrech, Hornkraut, Hahnenfuß, Enzian und der gelbe Alpenmohn sind nur einige davon.

Der Aufstieg über kleine Felsstufen empor zur Scharte ist gut markiert und ohne besondere Schwierigkeiten. Vor uns auf der **Forcella del Marmol** (3.45 Std.) öffnet sich

ein düsterer Schlund – kaum vorstellbar, dass einst durch diese extrem steinschlaggefährdete Felsrinne der Abstiegsweg führte.

Unser Weg führt hingegen nach rechts über eine leichte, gesicherte Route im Zickzack die Felsen zum Ostrücken der Schiara empor (4.15 Std.). Links, jenseits der Schlucht, ragt die mächtige Westwand des Monte Pelf in die Höhe. Von der höchsten Stelle des Rückens bietet sich erstmals ein Blick auf das weite Becken von Belluno mit dem Piave und darüber dem Nevegal, sofern nicht feuchte Luftmassen der nahen

Adria die Aussicht in Dunst oder Nebel hüllen.

Es geht nun weiter nach links zum **Bivacco del Marmol** hinunter (4.30 Std.). Die rote Biwakschachtel bietet neun Schlafplätze. Hier beginnt der 1967 fertiggestellte **Klettersteig Via Ferrata Marmol**, dem wir nun über 600 Höhenmeter durch die bizarre Felswelt der Südost-Abstürze der Schiara folgen. Der Steig ist mit Drahtseilen, Trittstiften und Metall-Leitern versehen, Klettersteigpassagen und Geröllabsätze wechseln einander ab. Der mehrstündige Abstieg auf dem geröllbedeckten, gestuften Fels verlangt besondere Vorsicht, um sich und andere nicht durch gelöste Steine und Felsbrocken zu gefährden.

Nach dem Abzweig der Via Ferrata L. Zacchi (6.45 Std.), ca. 100 m oberhalb des Fußes der Wand, kommen noch einige Passagen, die zu den schwierigsten Stellen des Klettersteigs zählen. Beim auffälligen »Portòn«, einer rundlichen Einkerbung am Wandfuß, hat die Kletterei schließlich ein Ende (7.30 Std.).

Das restliche Wegstück über einen Grashang hinab zum **Rifugio 7° Alpini** (8 Std.) stellt nun kein Problem mehr dar. Beim Blick zurück auf die breite Südwand der Schiara erscheint es unfassbar, das wir diese gewaltige Felsbarriere überwunden haben.

Das Rifugio 7° Alpini steht inmitten eines riesigen steinernen Amphitheaters, das von den Schiara-Südwänden dominiert wird. Links und rechts im Bergrücken fallen die beiden Einschnitte Forcella Oderz und Forcella Pis Pilon auf: Sie ermöglichen (auf selten begangenen Wegen) den Zugang zum Rifugio von Westen und Osten. Die vielen Klettersteige in der Schiara ziehen zahlreiche Bergsteiger an. Eine kleine Kapelle erinnert an verunglückte Kletterer; eine Mahnung, dass diese Unternehmungen nicht ungefährlich sind. Auf jeden Fall ist diese Umgebung eine würdige Kulisse für unseren morgigen letzten Wandertag in den Alpen.

Umgehung der Schiara

Abstieg auf guten Wegen durch das Val Vescovà zum **Rifugio Bianchet** (2.15 Std.; Übernachtungsmöglichkeit, Tel. 0437/66 92 26) und weiter auf der Forststraße, am Ende einem Waldweg nach links folgend zur Staatsstraße Belluno–Agordo im Cordévole-Tal (4 Std.). Vom nahen Ort **La Muda** (rechts auf der Staatsstraße) verkehren regelmäßig Busse nach **Belluno** (Fahrzeiten erfährt man im Rifugio Bianchet).

Abschied von den Alpen

Vom Rifugio 7° Alpini nach Belluno

Durch das malerische Val d'Ardo verlassen wir die südlichen Dolomiten und damit die hohen Berge. Die im weiten Val Belluna gelegene Stadt Belluno empfängt uns mit venezianischer Kunst, hier ist schon die warme Atmosphäre des Südens zu spüren.

DIE ETAPPE IN KÜRZE

+
Anspruch

4 Std.
Gehzeit

150 m
Anstieg

1250 m
Abstieg

Charakter: Leichte Wanderung auf guten Wegen. Die letzten Kilometer von Case Bortot nach Belluno führen auf asphaltierter Straße.

Markierung: Die Tour folgt dem Dolomitenhöhenweg Nr. 1 (blaues Dreieck).

Wanderkarten: Kompass-Wanderkarte 1:50 000 Nr. 77, Tabacco-Wanderkarte 1:25 000 Nr. 024

Einkehrmöglichkeit: Keine; Lebensmittelladen in Vezzano

Unterkunft: In 32100 Belluno: Albergo Mirella, Via

Don Minzoni 6, Tel. 0039/ 0437 94 18 60; Hotel Astor, Piazza dei Martiri 26/E, Tel. 0039/0437 94 20 94; Hotel Delle Alpi, Via Tasso 16, Tel. 0039/0437 94 05 45; Albergo Cappello e Cadore, Via Ricci 8, Tel. 0039/0437 94 02 46

Ende des 4. Tourenabschnitts: Ab Belluno Rückfahrt mit der Bahn möglich.

Information: Informazione e Assistenza Turistica, Piazza dei Martiri 8, Tel. 0039/0437 94 00 83

Vom **Rifugio 7° Alpini** führt der markierte Weg Nr. 501 abwärts durch das **Val'Ardo** in Richtung Belluno. Zügig hat uns der Buchenwald ver-

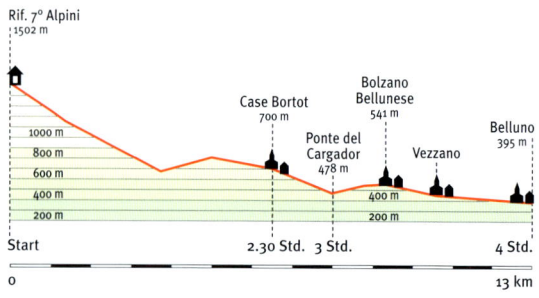

schluckt, und es geht in Kehren den bewaldeten Steilhang hinab. Nach einem Bach leitet uns wenig später eine Betonbrücke über den Gebirgsbach **Torrente Ardo** (40 Min.) auf die rechte Talseite.

Das Wasser wird an einigen Stellen in badewannen-ähnlichen Vertiefungen gehalten, die zu einem erfrischenden Bad im glasklaren, aber eiskalten Wasser einladen. Über eine weitere behelfsmäßige Betonbrücke gelangen wir wieder auf die linke Seite des Torrente Ardo (1 Std.). Im Bachbett liegen mächtige Felsblöcke. Das Val d'Ardo verengt sich mit der Zeit schluchtartig, und die Vegetation wird mit abnehmender Höhe üppiger.

Der Weg an der Talseite demonstriert einmal mehr, welches Geschick und Können die früheren Wegebauer hatten: Eben und sauber haben sie den Weg in den Fels gehauen und dabei so manches Hindernis umgangen. Begleitet vom ständigen Rauschen des Baches steigen wir weiter die bewaldete Talseite hinab und wechseln ein weiteres Mal auf die rechte Seite (1.45 Std.). Auf dem nächsten Wegstück kann man größere Bestände von Alpenveilchen sehen, die zu den eher seltenen Alpenblumen zählen. Nach einem leichten Anstieg und dann fast eben gelangen wir zum Abzweig des Weges Nr. 506, der rechts hinauf zur Forcella Monpiana führt. Wir gehen hier weiter geradeaus und erreichen auf dem jetzt breiten Weg den Parkplatz bei der kleinen Ortschaft **Case Bortot** (2.30 Std.). Neben einem Denkmal für die Gründer des Dolomiten-Höhenweges Nr. 1 gibt es hier auch eine Übersichtstafel der Schiara-Gruppe.

Die kleine geteerte Fahrstraße nach dem Parkplatz führt uns nun

kurvenreich in das weite **Val Belluna** hinab, das links von den Kämmen des Nevegal begrenzt wird. Die Bäume am Wegesrand spenden angenehmen Schatten, immer mehr, zum Teil prächtigen Anwesen künden die nahe Zivilisation an. Es heißt Abschied nehmen von der Stille in den Bergen.

Über die Brücke **Ponte del Cargador** (3 Std.) überschreiten wir den

Belluno, Palazzo dei Rettori

Gebirgsbach Torrente Medone und kommen anschließend durch die Ortschaft **Gioz**. Bei der Kirche auf der rechten Seite am Ortsbeginn von **Bolzano Bellunes** folgen wir der Straße links hinab bis nach **Vezzano** (3.40 Std.). In dem kleinen Ort gibt es einen Lebensmittelladen, nicht weit davon auch einen Trinkwasserbrunnen mit Sitzbank. Die Straße führt – quasi durch die Hintertür – direkt in die Stadt **Belluno** (4 Std.) und mündet in eine Hauptstraße, die links zum Zentrum führt.

Belluno

Die hübsche Stadt am Zusammenfluss der beiden Flüsse Piave und Ardo ist die Hauptstadt der größten Provinz des Veneto. Die Stadt ist reich an Sehenswürdigkeiten und besitzt mediterranen und alpinen Charakter gleichermaßen. Beim Gang durch die verschwiegenen

Gassen der Altstadt lassen sich viele Details antiker Bauten bewundern. Die Innenstadt mit ihren Laubengänge und schönen Renaissancehäusern ist noch von der venezianischen Herrschaft (1404–1797) geprägt. Besonders sehenswert ist die **Piazza del Duomo:** Hier erhebt sich mit 69 m Höhe der Campanile (Glockenturm) neben dem Dom Santa Maria Assunta. Vom kleinen Kirchhof aus, hinter dem Glockenturm, öffnet sich ein herrlicher Blick auf das Piavetal mit seinen sanften Hügelzügen. Gegenüber dem Dom steht der mächtige **Palazzo dei Rettori**. Der seitlich in das Gebäude einbezogene Turm ist ein Überrest des mittelalterlichen Bischofspalastes. Heute ist im Palazzo die Präfektur untergebracht. Das Fremdenverkehrsamt an der Piazza dei Martiri hält deutschsprachiges Informationsmaterial über die Sehenswürdigkeiten der Stadt bereit.

Schneeberg mit Panorama

Von Belluno zum Rifugio 5° Alpini

Der breite Rücken des Nevegal gipfelt im 1761 m hohen Col Visentin, der als beliebtes Wintersportgebiet von den Venetern auch »Schneeberg« genannt wird. Der Aufstieg durch Dörfer, Wald und über Wiesen wird mit einem Panorama belohnt, das über die bekanntesten Dolomitengipfel bis zur Lagune von Venedig reicht.

DIE ETAPPE IN KÜRZE

++
Anspruch

5 Std.
Gehzeit

1450 m
Anstieg

Charakter: Mittelschwere Tour auf Nebenstraßen, Forstwegen und markierten Wanderwegen. Der Aufstieg vom Ort Nevegal bis zum Rifugio Bristot ist steil und anstrengend.

Wanderkarten: Tabacco-Wanderkarte 1:25 000 Nr. 024; Kompass-Wanderkarte 1:50 000 Nr. 77; Carta d'Italia 1:50 000 Nr. 063-Belluno

Einkehrmöglichkeiten: Verschiedene Bars in Nevegal; beim Aufstieg zum Kamm des Nevegal die Bar La Crava.

Unterkunft: Rifugio 5° Alpini, 1764 m, Tel. 0039/ 0437 271 10 oder 0437 77 04 82 (22 Betten; ganzjährig bewirtschaftet)

Hinweise: Vom Bahnhof Belluno kann man mit dem Bus bis Nevegal fahren und weiter mit dem Sessellift (Ende Juli – Anf. Sept.) zum Monte Faverghera im Kamm des Nevegal (590 m Höhendifferenz). Fahrzeiten erfährt man bei der Informazione e Assistenza Turistica, Piazza dei Martiri 8, 32100 Belluno, Tel. 0039/0437 94 00 83.

Im südlichen Teil der Altstadt von **Belluno** wechseln wir über die schöne Brücke Ponte della Vittoria auf die andere Seite des Piave. Weiter auf der Straße folgen wir dem Abzweig links in Richtung Nevegal und biegen gleich darauf wieder links in eine Sackgasse ein, die in ein weiter aufwärts führendes Sträßchen mündet. Der Blick zurück schweift über die Ponte della Vittoria und die Altstadt mit dem auffälligen Glockenturm. Darüber erhebt sich die senkrechte Wand der Schiara mit der kühnen Zinne der Gusela del Vescovà, dem Wahrzeichen von Belluno.

Die Straße führt in kontinuierlicher Steigung weiter bis zum Dorf **Castion.** Am Ortseingang (20 Min.) zweigt von der stark befahrenen Hauptstraße rechts eine Nebenstraße (Via del Favero) ab, der wir geradeaus über die nächste Kreuzung hinweg (Via Nangole) bis zu den Dörfern **Faverga** (45 Min.; Via Faverga) und **Cirvoi** (1.15 Std.; Via Cirvoi) folgen. In Cirvoi leitet die schmale Fahrstraße (Via Col de Gou) weiter nach links in die Hügel des Nevegal hinauf. Der Autoverkehr ist hier sehr eingeschränkt, und es herrscht wohltuende Ruhe. Viele Häuser halten offensichtlich einen Sommerschlaf und werden wohl erst mit den ersten Schneeflocken erwachen. Zurück nach Norden kann man immer wieder den herrlichen Blick in das Val Belluna und auf die Bergkette der Dolomiten genießen.

Bei der nächsten Abzweigung in einer Kehre (2 Std.) geht es links (Via del Malvan) weiter. Nach einer Viertelstunde treffen wir auf die Straße Via Nevegal, die uns rechts hinauf in das Zentrum der Ortschaft **Nevegal** (2.40 Std.) führt. Der Wintersportort wirkt im Sommer ziemlich verschlafen. In einer der Bars kann man sich noch einmal stärken, bevor der stramme Aufstieg zum Kamm angegangen wird.

Beim **Parkplatz** vor den ersten Liftstationen folgen wir zunächst einem Fahrsträßchen Richtung Rifugio 5° Alpini (Hinweisschild) und nehmen anschließend den Abzweig nach rechts (Weg Nr. 6, Hinweisschild Rifugio Bristot). Der Weg ist anfangs sehr steil und geht nach einiger Zeit in einen breiten Forstweg über. Bei der **Bar La Grava** (3.15 Std.) folgen wir dem Weg durch eine

scharfe Linkskurve und halten uns dann bei der nächsten Verzweigung links, Richtung Casera Biata (Weg Nr. 4). Nach wenigen Minuten zweigt von dem Forstweg rechts ein Pfad ab, der uns steil bergan durch den Lärchenwald zur **Casera Erte** führt (3.30 Std.; Hinweisschild). Nach der soliden Schutzhütte zweigt links, vor einem Kiosk, ein Pfad zum Rifugio Bristot ab (Hinweisschild). Der ansteigende Waldpfad führt schließlich aus dem Wald heraus in ein Gebiet mit dichten Himbeersträuchern.

Nach einem weiteren Waldstück verzweigt sich der Weg wieder; wir gehen hier rechts, am Rand eines Tannenwaldes, die Bergwiese hinauf. Die Wegspur verliert sich etwas, aber wir müssen jetzt nur noch geradewegs den Bergrücken hinauf bis zu einem Wirtschaftsweg, der uns nach rechts zum **Rifugio Bristot** (4.15 Std.) führt. Die Landschaft hat hier plötzlich wieder alpinen Charakter. Der Blick nach Norden auf die Dolomiten und in das Val Belluna ist gewaltig. Geradezu magisch wird es aber erst am Grat, zu dem ein vom Wirtschaftsweg abzweigender Pfad führt. Hier endlich kann der Blick über die Dolomitengipfel der Marmolada, Civetta, des Pelmo und Cristallo sowie der Schiara bis hinunter

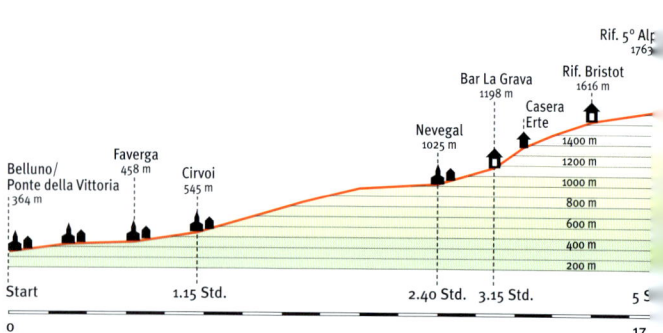

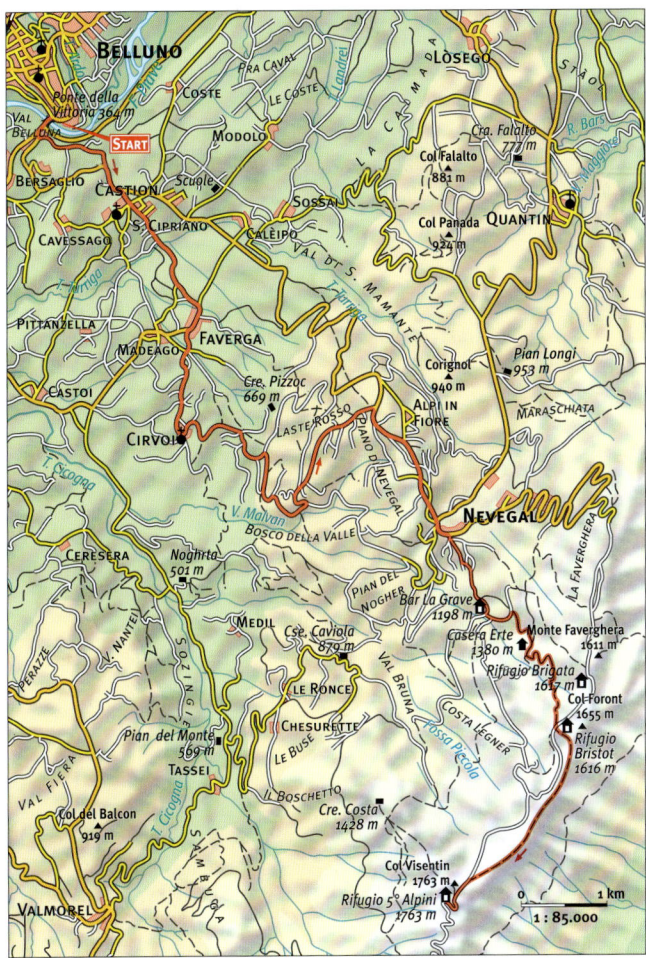

zur Lagune von Venedig mit dem blau schimmernden Band der Adria schweifen. Der Wettergott möge einem hier bitte Föhn schicken!

Ohne große Schwierigkeiten geht es auf den Wegen nahe dem Grat weiter bis zum nahen **Rifugio 5° Alpini** (5 Std.), das mit seinen Antennen und militärisch-technischen Einrichtungen ziemlich bedrohlich wirkt.

Ein besonderes Erlebnis ist der Blick von der Terrasse des Rifugios bei Dunkelheit: Dann leuchtet die Ebene mit ihren tausend Lichtern wie ein Sternenhimmel!

Tag 26

Abstieg in die Ebene

Vom Rifugio 5° Alpini nach Tarzo

Vom Bergrücken des Nevegal lässt sich zum letzten Mal das Bergpanorama genießen. Während des Abstiegs vom Nevegal verabschieden sich die Dolomiten endgültig aus dem Blickfeld, und die Vorfreude auf die Ebene kommt auf.

DIE ETAPPE IN KÜRZE

++
Anspruch

6 Std.
Gehzeit

200 m
Anstieg

1650 m
Abstieg

Charakter: Einfache Bergwanderung mit langem Abstieg auf zumeist guten Wegen. Einige Passagen auf dem breiten Bergrücken erfordern etwas Orientierungssinn.

Wanderkarten: Tabacco-Wanderkarte 1:25 000 Nr. 024 (nur bis Mandre); Carta d'Italia 1:50 000 Nr. 063-Belluno und 084-Vittorio Veneto; Belletti V223 Le Prealpi di Vittorio Veneto 1:50 000

Einkehrmöglichkeiten: Rifugio Mamel, Alpina di Pilat Amabile

Unterkunft: in 31020 Tarzo: Albergo Ai Pini, Vicolo dei Pini 6, Tel. 0039/ 0438 58 62 06 (unbedingt reservieren; falls ausgebucht, hilft der Wirt bei der Vermittlung einer alternativen Unterkunft)

Hinweise: In Tarzo können alle Einkäufe getätigt werden (Lebensmittel, Apotheke, Bank, Post usw.).

Vom **Rifugio 5° Alpini** führt uns der weithin sichtbare Wirtschaftsweg auf dem Kamm in Kehren vom Col Visentin hinunter. Bei guter Sicht hebt sich links in der Ebene die Stadt Vittorio Veneto hervor, rechts thronen – wie gewohnt – die Dolomiten über dem Val Belluna.

Bei der **Forcella Zobbei** (1 Std.) zweigt schräg rechts auf den Bergrü-

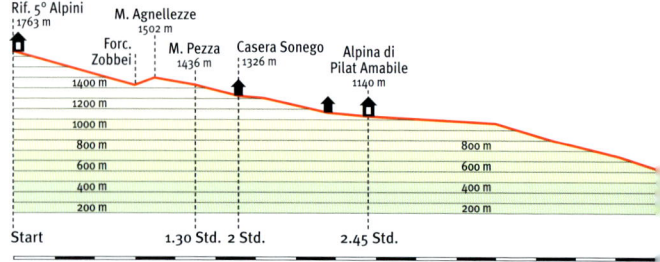

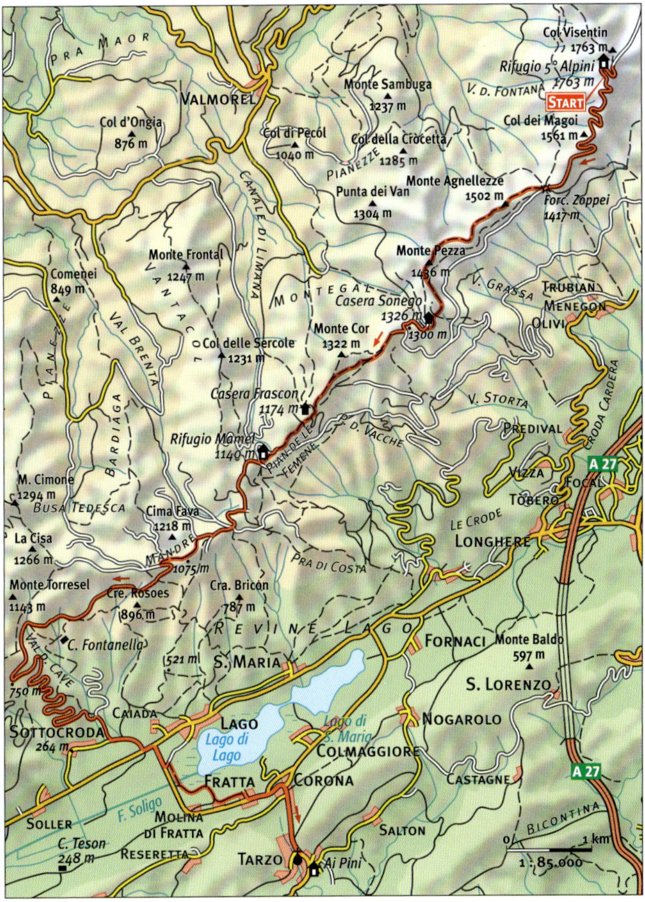

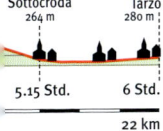

Sottocroda 264 m — Tarzo 280 m

5.15 Std.   6 Std.

22 km

cken ein Weg ab, der eher selten begangen wird und deshalb stellenweise nur aus Pfadspuren besteht;
vereinzelt finden sich rote Wegemarkierungen. In der Nähe des Monte Agnellezze geht es an einem steinernen Turm und einem quadrati-
schen Telefonreflektor vorbei.

Auf dem mit hohem Gras bedeckten Rücken geht man sehr bequem.
Nach wie vor bietet sich zu beiden
Seiten ein grandioser Ausblick. Auch
die Vielfalt an Alpenblumen ist über-

Blick vom Col Vissentin in die Ebene

raschend. Beinahe muss man aufpassen, dass man nicht auf ein Edelweiß tritt.

Auf dem Rücken überschreiten wir den **Monte Pezza** (1.30 Std.) und queren anschließend Weideflächen, die den Orientierungssinn auf die Probe stellen. Nur gelegentlich helfen rote Markierungen auf dem Boden weiter. Solange man auf der linken Seite des Kamms bleibt, ist man richtig und kann das Anwesen von **Casera Sonego** (2 Std.) nicht verfehlen.

Der Weg führt schräg rechts über das Grundstück und mündet bei einem größeren Betonhaus wieder in einen Wirtschaftsweg. Nach der folgenden Linkskurve beim **Col delle Poiatta** zweigt rechts ein Weg zu einem schönen Steinhaus ab. Helle Steine im Gras deuten den weiteren Wegverlauf an. Unterhalb des **Monte Cor** treffen wir auf einen Wirtschaftsweg, der am gepflegten Anwesen **Casera Frascon** vorbei führt

(2.30 Std.). In einer Linkskurve zweigt dann rechts ein Pfad ab, der uns an zwei Tümpeln vorbei und durch ein Holzgatter zur **Pian de le Femene** leitet. Am Weidezaun links entlang gelangen wir zum **Alpina di Pilat Amabile,** das an einer Fahrstraße liegt (2.45 Std.).

Vom Rifugio geht es zunächst nach rechts zu einem größeren Parkplatz und weiter auf einem Wirtschaftsweg links um den vor uns liegenden Hügel herum. Bei allen folgenden Abzweigen halten wir uns geradeaus. Im Tal können wir schon die Zwillingsseen Lago di Lago und Lago di Santa Maria sehen. Dahinter liegt unser heutiges Etappenziel, die Ortschaft Tarzo.

Neben schönen Ferienhäusern scheinen hier auch neue Wege angelegt worden zu sein, denn einige lassen sich nicht mit den vorhandenen Karten in Einklang bringen. Deshalb ist hier noch einmal Orientierungssinn gefragt: Wir halten uns auf einem Wirtschaftsweg links am Hang bis zur Anhöhe bei **Mandre** (3.30 Std.), wo sich ein **Paragleiter-Startplatz** befindet. Hier zweigt scharf links eine kleine Fahrstraße vom Weg ab, die erst gerade und dann in nicht enden wollenden Serpentinen durch das bewaldete Val delle Cave hinab zum Dorf **Sottocroda** führt (5.15 Std.).

Nach links gelangen wir zur Staatsstraße 635, der wir zuerst nach links und kurz vor dem Zwillingssee **Lago di Lago** und **Lago di Santa Maria** nach rechts Richtung Tarzo folgen. Bei einem unauffälligen Hinweisschild auf der linken Seite nach Ai Lido verläuft ein schöner Weg parallel zur Straße. Er quert über eine kleine Holzbrücke den Bach la Tajada und führt an Maisfeldern entlang zur Siedlung **Molino di Fratta** (5.30 Std.) und weiter zum benachbarten Dorf **Fratta.** Bei der Kirche im Dorf geht es eine Gasse wieder rechts hinauf zur SS 635, der wir nach links die letzten Meter bis zum nahen Ort **Tarzo** (6 Std.) folgen.

Zum traditionellen Albergo Ai Pini folgt man der Durchgangsstraße bis zur Kirche, geht vor der nächsten Rechtskurve geradeaus die kleine Straße weiter und folgt anschließend dem Hinweisschild nach rechts.

Tarzo

Burgen und Weinberge

Von Tarzo nach Ponte della Priula

Vom Rand der Dolomiten bis zur Poebene erstreckt sich ein Land großer Harmonie und Vielfalt: das Veneto. Die Landschaft wird von zahlreichen Hügeln geprägt, die schon von den Römern als herausragendes Weinanbaugebiet geschätzt wurden.

DIE ETAPPE IN KÜRZE		
+ Anspruch	**Charakter:** Einfache Tour auf guten Wegen und Straßen	**Unterkunft:** In 31058 Ponte della Priula: Hotel San Carlo**, Via IV Novembre 105, Tel. 0039/0438 270 22; Albergo Ponte della Priula*, Via IV Novembre 4, Tel. 0039/ 0438 270 45
6.30 Std. Gehzeit	**Wanderkarte:** Carta d'Italia 1:50 000 Nr. 084-Vittorio Vèneto; Belletti V223 Le Prealpi di Vittorio Veneto 1:50 000	
28 km Länge	**Einkehrmöglichkeiten:** Resera, Refrontolo, Barbisano	

Wir gehen in **Tarzo** zurück Richtung Corona und biegen links an einem Kriegerdenkmal vor einem Brunnen in die Straße Vilacio a Dias ab (rotweiß-rotes Wanderzeichen am Laternenpfahl am Abzweig). Mäßig steil führt die wenig später Via Valmos benannte Straße eine Hangwiese hinauf, bevor sie in einen Feldweg übergeht. Wir halten uns beim nächsten Abzweig links und folgen dem rot-weiß-rot markierten Weg aufwärts bis zu einem Anwesen. Von hier bietet sich ein schöner Blick über Tarzo und auf den Nevegal.

Rechts von dem Anwesen passieren wir ein Stahlgatter, dann führt uns der stellenweise mit Stufen ausgebaute Pfad weiter durch den Wald. Aus diesem werden wir kurze Zeit später in der Nähe eines Anwesens entlassen; wir passieren dieses rechts und gelangen abwärts wieder in den Wald hinein (50 Min.). Am folgenden Wegzweig finden sich einige Quellen zur Erfrischung. Wir folgen Weg 1051 links ein Stück dem Bachlauf entlang und dann weiter geradeaus. Nach einem München–Venedig Wegweiser treffen wir auf ein geteertes Fahrsträßchen (1 Std.) dem wir links abwärts bis zur Straße Prapian di Arfanta folgen. Diese führt uns rechts hinauf nach **Arfanta.**

Vor einer Rechtskurve zweigt der nach Corbanese weiter führende Wirtschaftsweg links zur Cascata Mulinetto della Croda ab (1.30 Std). Der Weg führt links an einem großen Weingut vorbei und dann leicht abwärts, auf der rechten Seite des Bachlaufs Lierza, durch eine teilweise bewaldete, teilweise landwirt-

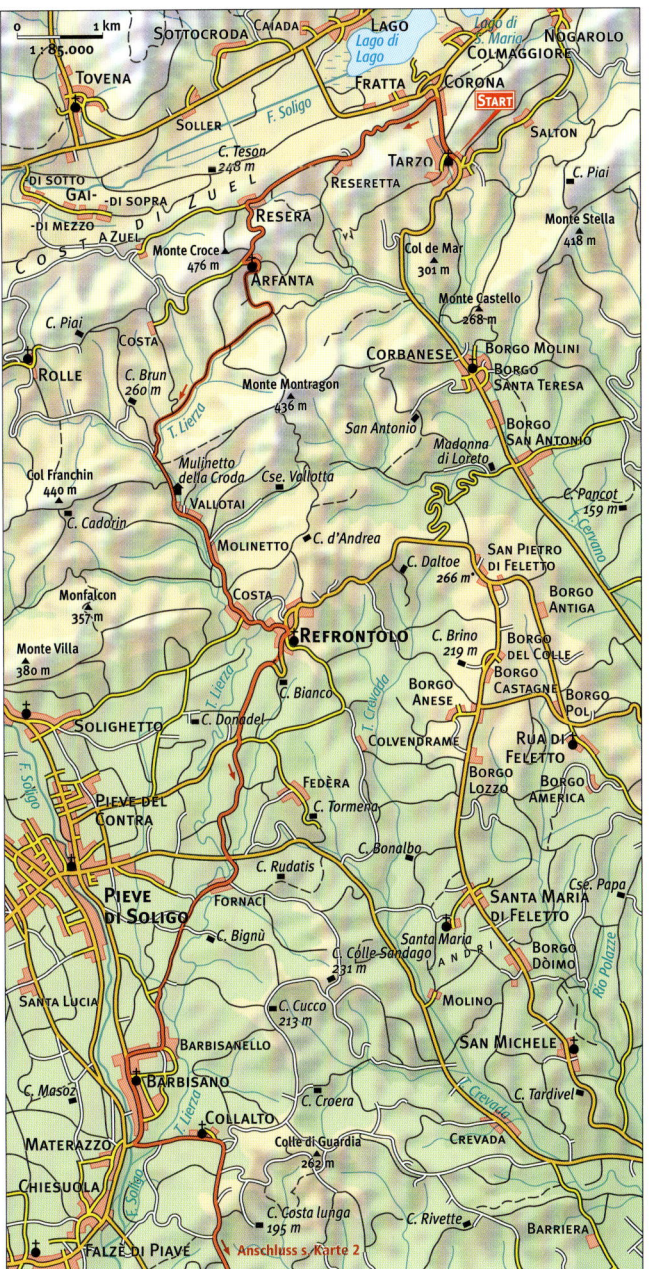

schaftlich genutzte Senke. Er mündet auf eine Straße, der wir nun links bis zur nahen **Mulinetto della Croda** (2.20 Std.) folgen. Die kleine, landschaftlich schön gelegene Mühle ist einen kurzen Abstecher wert und zudem ein angenehmer Rastplatz.

Weiter auf der Straße gelangen wir, am Ende wieder leicht ansteigend, nach **Refrontolo** (2.45 Std.). Direkt an einem Café treffen wir auf zwei Stoppstraßen, bei denen wir uns jeweils rechts halten. Der Hauptstraße Via Vittoria folgen wir nur wenige hundert Meter hinab und biegen kurz vor dem Ortsausgang rechts in die Gasse Cal de Pos ab. Damit ersparen wir uns die lange Schleife der Hauptstraße, auf die wir kurz darauf wieder stoßen. Wir folgen der Hauptstraße bis zur nächsten Verzweigung vor einer Rechtskurve. Hier gehen wir geradeaus (Via Casale) Richtung Conegliano. Die gepflegten Weingärten links und rechts führen uns dabei immer wieder der Reichtum dieser Landschaft vor Augen. Wir gelangen schließlich zu einer Kreuzung, an der wir weiter geradeaus in Richtung Barbisano gehen.

In vielen Ortschaften lösen wir ein Bellkonzert aus und werden am Zaun von (meist kleinen) Hunden verfolgt. Beruhigend zu wissen, dass die größeren Hunde angeleint oder im Zwinger sind.

In **Barbisano** (3.30 Std.) leitet uns die Straße nach einer Rechtskurve auf die Durchgangsstraße. Wir gehen links. Kurz vor der Kirche befindet sich auf der rechten Seite die sehr empfehlenswerte Eisdiele Tutto Gelato. Auf der am Ende abwärts führenden Straße verlassen wir den Ort und biegen in einer langgezogenen Rechtskurve, kurz vor einem Bach, links in die Straße nach Collalto ab.

In **Collalto** (4 Std.) führt die Straße in einer Rechtskurve durch den Ort und steigt weiter kontinuierlich an. Auf einem bewaldeten Hügel über dem Ort steht die Ruine des Castello di Collalto, das 1110 errichtet wurde und zu den ältesten Besitztümern der Grafen von Collalto zählt. Um die Burg rankt sich eine klassische Sage: Aus Eifersucht soll einst die Gattin eines Grafen eine Hofdame lebendig in den Burgturm eingemauert haben. Der Geist soll sich seither in gewissen Nächten klagend herumtreiben.

Wir wandern die Straße weiter hinauf, die nach dem Ortsaustritt bald ihren höchsten Punkt erreicht und als Platanenallee weiterläuft. Die Bergkette des Nevegal im Norden und die Wiesen und Bäume ringsum verleihen der Landschaft unerwartet Voralpencharakter. Die staubige, aber schöne Allee verläuft die nächsten 3 km angenehm eben und mün-

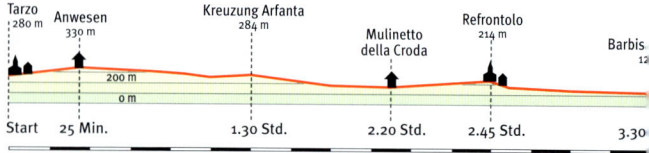

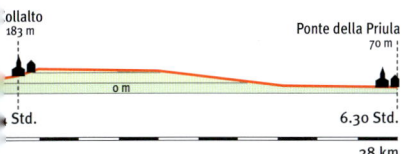

det am Ende auf eine Fahrstraße (5 Std.). In der Nähe der Straße lichtet sich der Bewuchs etwas, sodass sich wieder einmal ein großartiger Blick bietet: im Norden die Hügellandschaft und die Bergkette von Monte Cesen, Col Visentin und Cansiglio, durch deren Einschnitte vereinzelt die Dolomiten lugen.

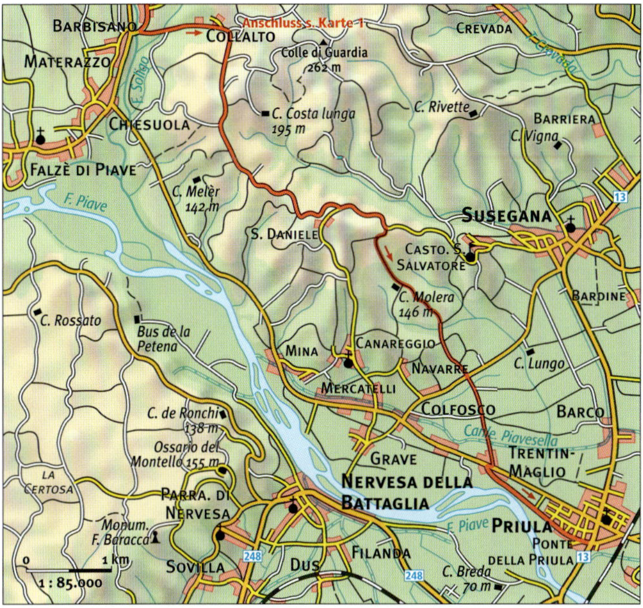

Wir folgen der Fahrstraße nach links Richtung Susegana. Kurvenreich führt sie uns hinab, bis nach 1 km in einer Linkskurve bei einem Haus ein Wirtschaftsweg (5.15 Std.) rechts abzweigt. Diesem folgen wir 150 m weit und gehen gleich beim nächsten Abzweig links einen Weinberg hinab. Weit öffnet sich hier der Blick über die Rebstockreihen auf die Tiefebene. Wir folgen dem Wirtschaftsweg links an einem Weingut vorbei und weiter zum nächsten Anwesen auf einer Anhöhe. Kurz nach diesem Anwesen erscheint über den Rebstockreihen links das nahe gelegene Castello di S. Salvatore in Su-

121

Durch die Weinberge zur Burg Susegana

segana. Diese Burg aus dem 14. Jh. gehört ebenfalls den Grafen von Collalto. Sie ist eine der weiträumigsten Befestigungsanlagen Italiens und erstreckt sich mit einer doppelten Mauer über die gesamte Spitze des Hügels. Im Ersten Weltkrieg wurde die Burg schwer beschädigt. Nach kunstvoller Restauration ist sie heute ein viel besuchtes historisches Monument.

Der Weg führt noch eine Zeitlang durch die Weingärten und trifft am Ende auf die Zufahrtstraße von **Colfosco** (5.45 Std.). Gegenüber geht es geradewegs weiter auf der kleinen Straße Via Maglio an Maisfeldern entlang bis zur Hauptzufahrtsstraße von Ponte della Priula. Dieser Straße folgen wir nur ein paar Meter rechts und biegen dann links an einer Bushaltestelle in die Nebenstraße Dei Pascoli ein. Sie führt durch Wohngebiet und links am Damm des Piave entlang und endet nahe der **Ponte della Priula** auf einer Durchgangsstraße (6.30 Std.). Das Albergo Ponte Priula befindet sich gleich gegenüber. Zum empfehlenswerteren Albergo S. Carlo folgen wir der Hauptstraße links, überqueren den Kreisel, dann 150 m links.

Im flachen Land

Von Ponte della Priula nach Bocca Callalta

Der erste Wandertag in der Tiefebene führt weiter auf der linken Seite des Piave entlang. Weingärten und Maisfelder prägen das Landschaftsbild. Die Berge im Norden werden immer kleiner, und anstelle der Anstiege zehrt die Hitze an den Kräften.

DIE ETAPPE IN KÜRZE

+
Anspruch

6 Std.
Gehzeit

26 km
Länge

Charakter: Einfache, aber lange Tour auf guten Wegen und Nebenstraßen, die größtenteils auf einem bewachsenen Hochwasserdamm verlaufen.

Wanderkarten: Carta d'Italia 1:50 000 Nr. 084-Vittorio Vèneto und Nr. 105-Treviso und Nr. 106 S. Donà di Piave, Belletti V222 Treviso ed il Piave 1:50 000

Einkehrmöglichkeiten: Mehrere entlang dem Hochwasserdamm, z. B. Trattoria Al Borgo, Ristorante Al Treghetto; Osteria Piccola Venezia in Cartiera, Osteria Piccola Venezia

Unterkunft: Albergo Ristorante Desiderio, Via Postumia Est 160, 30024 Fagarè (TV) (in Bocca Callalta nahe der Brücke), Tel. 0039/ 0422 79 00 01 oder 890101; Albergo All'Angelo, Via Postumia 19/21, 31047 Ponte di Piave (vor der Brücke) Tel. 0039/0422 85 74 40: Albergo Belvedere, Via Jesolo 20, Ponte di Piave (vor der Brücke) Tel. 0039/0422 75 91 06 oder 0039/0422 85 71 59

Wir starten in **Ponte della Priula** am Kirchplatz und gehen auf der Straße Via Tempio Votivo an einer Schule vorbei Richtung Bahnhof (Süden). Nach der Eisenbahnunterführung biegen wir rechts in die Sackgasse Via Piave ab. Hier wird es ruhig und wir lassen den Verkehr hinter uns. Vorbei an kleinen Häusern mit schönen Gärten queren wir den **Kanal Brentella** und gelangen direkt anschließend links auf einen anfangs geteerten und dann begrünten Hochwasserdamm, dem wir heute die meiste Zeit folgen werden.

Rechts erscheint ein großes Kieswerk, dessen zwei Zufahrtsstraßen wir kurz darauf queren. Der Damm liegt gute 3 m über der Ebene und bietet daher eine ausgezeichnete Aussicht und Orientierungsmöglichkeit. Neben Weingärten und Maisfeldern sind vereinzelt auch Kiwi-Plantagen zu erkennen, die zum Schutz vor Vögeln mit Netzen überspannt sind.

Nach einem Linksknick erscheint auf der rechten Seite ein weiteres Kieswerk und kurz danach auf der linken Seite das **Ristorante Al Gab-**

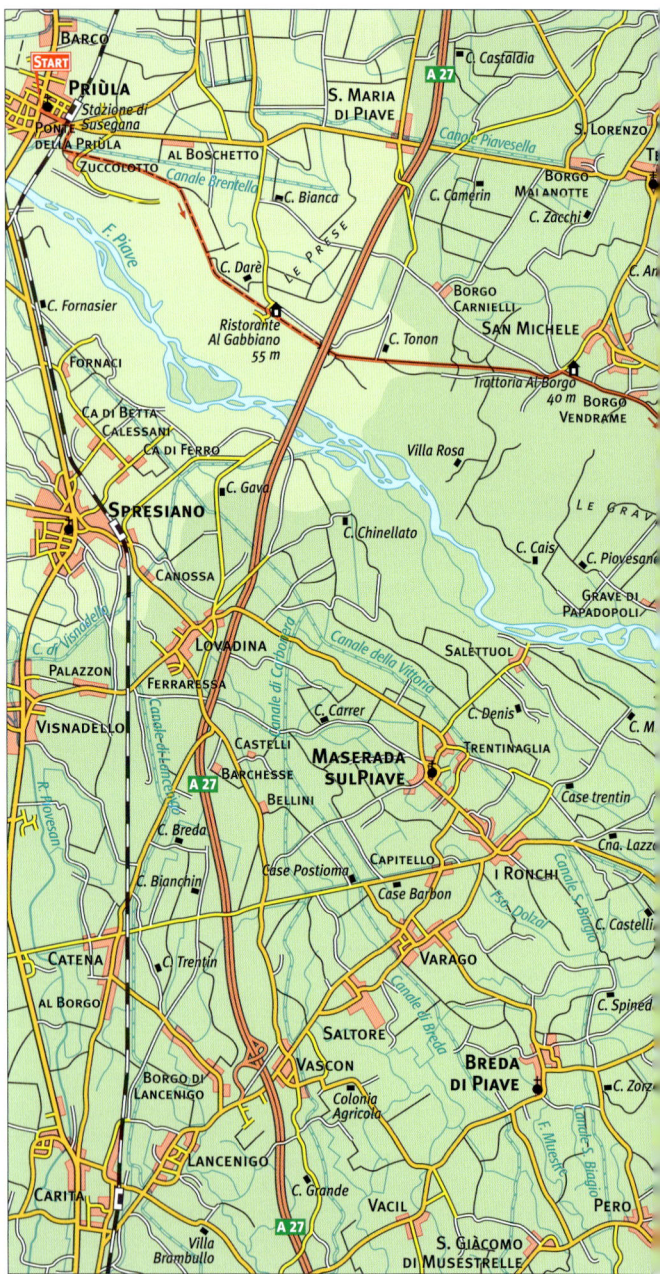

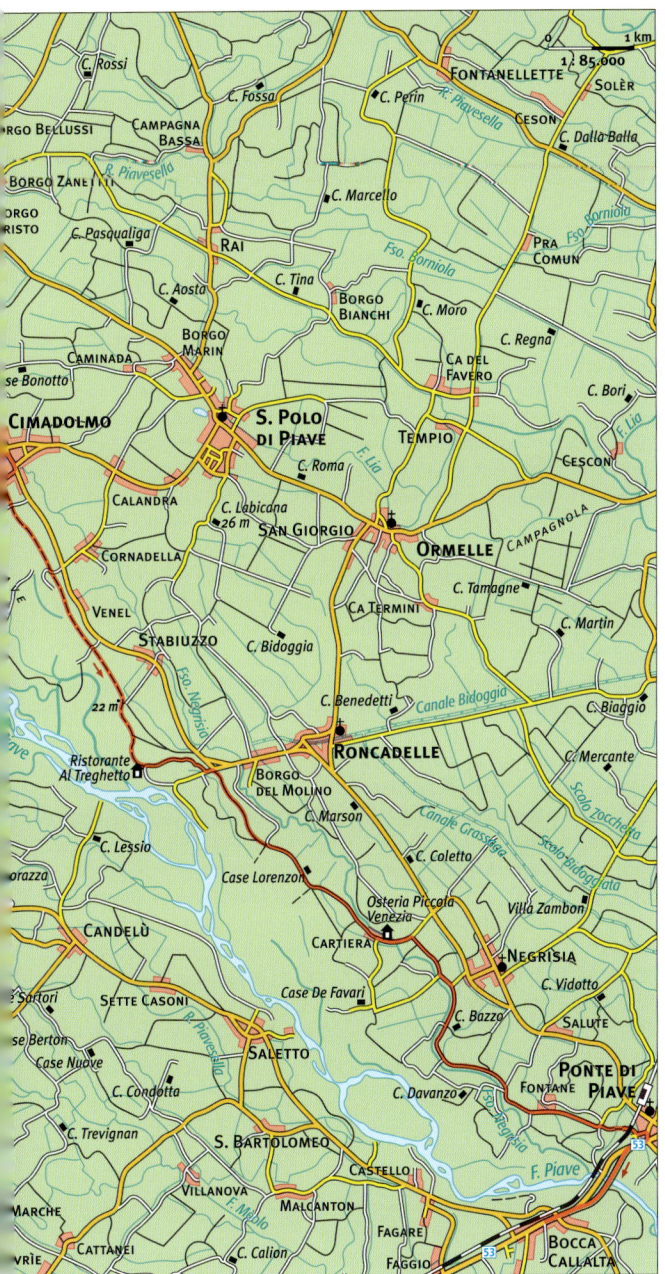

biano (45 Min.). Wir bleiben auf dem Damm und queren unter einer **Brücke** die Autobahn (1 Std.). Bei klarer Sicht bietet sich nach Norden fast ein 180-Grad-Blick auf das Voralpenland. Auch Details wie die Burg von Susegana oder das Rifugio 5° Alpini auf dem Col Visentin sind bei guter Sicht noch deutlich zu erkennen. Dank der Glockentürme lassen sich im flachen Land die Orte schon aus der Ferne erkennen.

Der bequeme Weg auf dem Damm findet hier unerwartet ein Ende: Er wird ab hier als Umgehungsstraße genutzt. Wir setzen deshalb ein Stück lang den Weg durch die kleinen Ortschaften fort. Dazu folgen wir der Straße links nach **San Michele** und biegen bei der Kreuzung vor der **Trattoria Al Borgo** (1.30 Std.). rechts in die Via Cal San Michele ab. Die wenig befahrene Straße führt uns durch das Örtchen **Borgo Vendrame** (1.50 Std.) und anschließend nach **Cimadolmo**. An der Kirche vorbei gelangen wir zu einer T-Kreuzung. Hier gehen wir rechts Richtung Jesolo. Es geht aus dem Ort Cimadolmo heraus und nach einem Kreisel, an dem die Umgehungsstraße endet, auf den begrasten Hochwasserdamm zurück. Diesem folgen wir links.

Nach der Ortschaft **Stabiuzzo** gabelt sich der Damm (3 Std.). Wir folgen dem rechten Zweig und anschließend dem Abzweig rechts den Damm hinunter zum nahen **Risto-**

rante Al Treghetto (3.20 Std.). Ein kurzer Abstecher führt nach rechts zum Ufer des Piave: Das erste und einzige Mal auf der Wanderung setzt sich der Wildfluss hier würdig in Szene. **Badetipp:** Hinter dem Lokal verläuft ein Wirtschaftsweg, dem man nach rechts bis zu dem Hochspannungsleitungen folgen kann – hier hat man Zugang zu einer Lagune.

Weil der Damm hier wieder zugewachsen ist und zu einem Kieswerk führt, folgen wir der Fahrstraße weiter bis zum zweiten Damm (3.30 Std.). Vor diesem zweigt rechts ein Feldweg ab, der an einem Weingarten entlang nach 10 Min. wieder auf den (zweiten) Damm hinaufführt. Dem Fahrsträßchen auf dem Damm folgen wir nach rechts und am Ende weiter in die kleine Ortschaft **Cartiera** hinein. Nach einem Sägewerk erreichen wir die **Osteria Piccola Venezia,** aus der es verheißungsvoll duftet (4.30 Std.).

Die Straße quert anschließend wieder den Damm, auf dem wir nach rechts, auf dem Fahrsträßchen Via Argine, weiter bis nach **Fontane** laufen. Bei den ersten Anwesen von **Ponte di Piave** verlassen wir den Damm wieder: Eine Straße zweigt ca. 50 m nach einer Kreuzung (Via Argine/Via Zattere) links ab und führt durch eine Unterführung der Bahngleise zu einer Stopp-Straße. Weiter geradeaus stoßen wir auf eine T-Kreuzung. Hier rechts geht es über eine Brücke auf die andere

Ponte della Priula
70 m

Autobahnbrücke
51 m

Trattoria Al Borgo
40 m

Borgo Vendrame

Cimadolmo

Ristorante Al Treghetto
20 m

0 m

Start

1 Std.

1.30 Std.

3.20 Std.

0

Blick über die Weingärten zum Campanile von Roncadelle

Flussseite nach **Bocca Callalta** (6 Std.). Das Albergo Desiderio liegt kurz nach dem Ortsanfang an der stark befahrenen Hauptstraße auf der linken Seite.

Weinland Veneto

Vom Rand der Dolomiten bis zur Po-Ebene erstreckt sich ein Land, das vielfältiger kaum sein könnte: das Veneto. Abwechslungsreich wie die Landschaften sind auch die Weine Venetiens, die bereits von den Römern des 1. Jh. geschätzt wurden. Typisch für das Veneto sind die Rebsorten Corvina (Rotwein), Garganega (Weißwein) und Prosecco (Schaumwein), der besonders in Alpennähe von Conegliano und Valdobbiadene den prägnantesten Ausdruck erhält. Die Eigenart der Weine wird von ihrer Nähe zu den Alpen beeinflusst: Während das voralpine Hügelland mit steinig-mageren Böden Weine von großem Format ermöglicht, sind die fruchtbaren Lagen im Flachland eher der Quantität als der Qualität förderlich. Auch die Maschinengängigkeit der Anbauflächen prädestiniert die Piave-Ebene zur Region für Massenweine. Im Bemühen um die beste Traubenqualität greifen hier einige Weinbauern zu einem traditionellen Erziehungssystem, der *pergola veronese*. Die Pergola lässt die Trauben zu einem Laubdach zusammenwachsen, sodass sie einer stetigen Luftzirkulation ausgesetzt sind und nicht so leicht faulen. Außerdem werden sie besser vor der Sonnenglut geschützt.

Osteria
Piccola Venezia
16 m

Bocca Callalta
14 m

4.30 Std.

6 Std.

26 km

Lagune in Sicht

Von Bocca Callalta nach Jesolo

Auch der zweite Tag in der Tiefebene führt durch ein intensiv bewirtschaftetes Gebiet. Viele kleine Orte prägen heute das Bild. Hier und da ist unter Umständen schon die Weinlese im Gange. Die ersten Meeresbrisen künden das nahe Meer an.

DIE ETAPPE IN KÜRZE

++
Anspruch

8 Std.
Gehzeit

34 km
Länge

Charakter: Einfache, aber lange Tour auf guten Wegen und Nebenstraßen, die teilweise auf einem Hochwasserdamm verlaufen.

Wanderkarten: Carta d'Italia 1:50 000 Nr. 106-S. Donà di Piave und Nr. 128-Venezia, Belletti V222 Treviso ed il Piave 1:50 000 und V218 Litorale di Jesolo

Einkehrmöglichkeiten: Mehrere z. B. in Zeson di

Piave, Fossalta di Piave, Musile di Piave, Caposile

Unterkunft: Hotel-Ristorante Udinese da Aldo, Via C. Battisti, I-30016 Jesolo (VE), Tel. 0039/0421 951 40-7 oder -9; unbedingt reservieren!

Information: Azienda di Promozione Turistica, Piazza Brescia, I-30017 Lido di Jesolo (VE), Tel. 0039/ 0421 37 06 01

Die vorletzte Etappe beginnt in **Bocca Callalta** beim Abzweig nach Sant' Andrea, den wir auf der Hauptdurchgangsstraße (Via Postumia Est) in Richtung Ponte di Piave erreichen. Von der Straße nach **Sant'Andrea** zweigt gleich zu Beginn links das Fahrsträßchen Via E. Toti auf den Hochwasserdamm ab, dem wir an der Ortschaft Sant'Andrea vorbei eine gute Stunde lang folgen. Einige

Meter über der Ebene bietet sich uns wie gewohnt ein weiter Blick. Schon bald können wir den Glockenturm von Zenson di Piave erkennen. Auch heute werden uns in erster Linie Weingärten und Maisfelder umgeben. Aus dem Mais wird die berühmte Polenta zubereitet, das ›Nationalgericht‹ Norditaliens.

Nach einer langgezogenen Linkskurve zweigt vom Damm eine kleine,

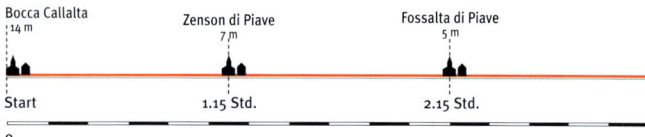

Bocca Callalta	Zenson di Piave	Fossalta di Piave
14 m	7 m	5 m
Start	1.15 Std.	2.15 Std.

0

von Pappeln und Weiden gesäumte Straße nach rechts ab (50 Min.). Ihr folgen wir um ein herrschaftliches Anwesen herum, das von einer dichten Hecke vor interessierten oder neugierigen Blicken geschützt ist, bis zur Ortsmitte von **Zenson di Piave** (1.15 Std.). Hier gibt es eine Bar und allerlei Geschäfte. Wie in vielen Ortschaften fällt auch hier eine Gedenkstätte für die Gefallenen des Ersten Weltkriegs auf: Von Ende 1917 bis Herbst 1918 verlief die Front durch dieses Gebiet der Provinz Treviso.

Bei der Tankstelle am Ende der Geschäftsstraße führt uns ein Pfad wieder links hinauf auf den Hochwasserdamm. Der Piave zur Linken hat das Attribut ›wild‹ jetzt wirklich nicht mehr verdient, denn sanftes Gefälle und der Rückstau vom Meer haben ihn träge gemacht. Kurz nach Zenson di Piave verlassen wir die Provinz Treviso, die wir seit der Kammlinie des Nevegal durchwandert haben. Der Damm führt unter einer Autobahnbrücke her und an **Fossalta di Piave** (2.15 Std.) vorbei, der ersten Ortschaft in der Provinz Venezia. Nahe diesem Ort wurde der amerikanische Schriftsteller Ernest Hemingway während des Ersten Weltkriegs bei einem Fronteinsatz durch eine Mine schwer verletzt. Die Kriegserlebnisse am Piave finden sich in seinem Roman »In einem anderen Land« wieder.

Nach dem Ort gabelt sich der Damm. Wir nehmen den rechten Weg, um uns die Schleife am Piave entlang zu ersparen. Wir bleiben auch weiterhin der mal asphaltierten, mal geschotterten Dammstraße treu. Nah und fern künden Glockentürme die nächsten Ortschaften an, und gelegentlich scheint es, dass uns bereits die erste Meeresbrise erreicht. Die folgenden Bahngleise queren wir durch eine Unterführung (3 Std.), zu der ein Feldweg 200 m vor den Bahngleisen links vom Damm hinunter und anschließend wieder hinauf leitet. Erst bei der Ortschaft **Musile di Piave** (4 Std.) verlassen wir den Hochwasserdamm und gehen nach rechts zur Ortsmitte.

Wir folgen der Hauptstraße Via Roma (später Via Martiri) geradeaus durch den lang gezogenen Ort und treffen nach dem Ortsaustritt auf einen Kreisel. Rechts geht es Richtung Venedig, aber nicht für Wanderer! Wir gehen links (Via Carpusile) und biegen nach der nächsten Rechtskurve wieder links in die Sackgasse Via Stanga ab. Die Straße endet nach einem Schlenker bei einem Anwesen. Um zum Flussufer des Piave Vecchia zu gelangen, müssen wir ein kurzes Stück über das Grundstück gehen. Dies wird auf Zuruf *(Permesso?)* gerne gewährt. Vor dem Anwesen führt ein Weg rechts, dann gleich wieder links zwischen zwei Feldern und am Ende durch eine kleine Böschung zum Uferweg des Flusses Piave Vecchia.

Dem schönen Uferweg folgen wir nach rechts weiter. Rubinien spen-

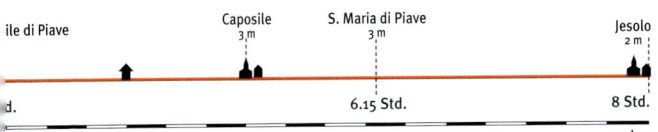

ile di Piave	Caposile 3 m	S. Maria di Piave 3 m	Jesolo 2 m
d.		6.15 Std.	8 Std.

34 km

den Schatten, Pampasgras schimmert hell im Gegenlicht, dichtes Schilf und Buschwerk halten das Wasser auf Distanz. Die ganze Flusslandschaft wirkt sehr ursprünglich. Immer dem rechten Uferweg folgend erreichen wir schließlich **Caposile** (5.20 Std.).

Der Weg führt unter einer stark befahrenen Brücke her und mündet dann auf einer kleinen Straße, die uns an einem weiteren Denkmal für die Gefallenen des Ersten Weltkriegs und an einer hübschen Zugbrücke vorbeiführt. Nach einer Rechtskurve folgen wir im spitzen Winkel links der Straße und und überqueren den Kanal auf einer Brücke, deren Pfeiler auf Booten stehen. Hier folgen wir links der Nebenstraße Via Salsi, die nahe dem Ufer des Flusses Sile verläuft. Jetzt liegen ›nur‹ noch 10 km Asphaltstraße vor uns. Das Meer ist deutlich zu riechen, die ersten Möwen fliegen über uns, und stellenweise kommen wir ganz dicht an die Laguna di Venezia heran. Aber trotzdem können die letzten Kilometer auf dem warmen, harten Asphalt noch einmal anstrengend werden. Bei der Fußgängerbrücke bei **Santa Maria di Piave** (6.15 Std.) haben wir schon fast die Hälfte des letzten Abschnitts geschafft. Erst bei einer Brücke mit einem Denkmal des Ersten Weltkrieges wechseln wir auf die andere Seite des Flusses Sile und gelangen weiter rechts zum Zentrum von **Jesolo** (8 Std.).

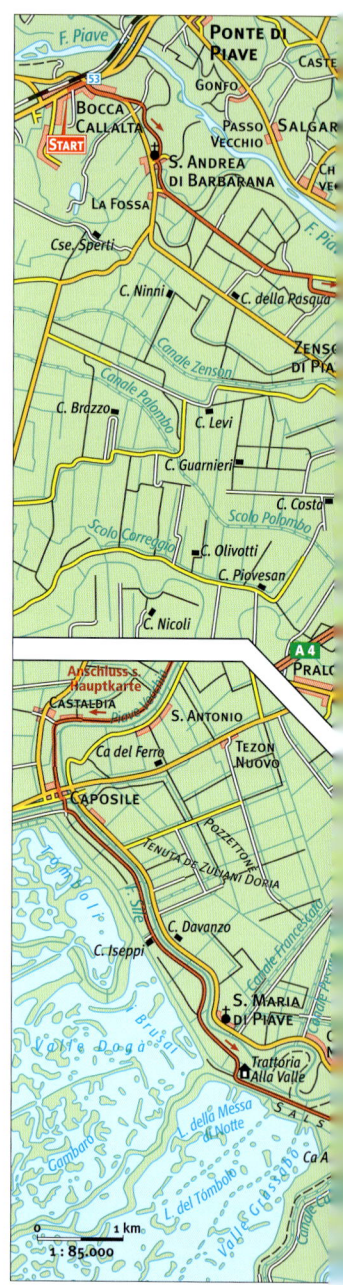

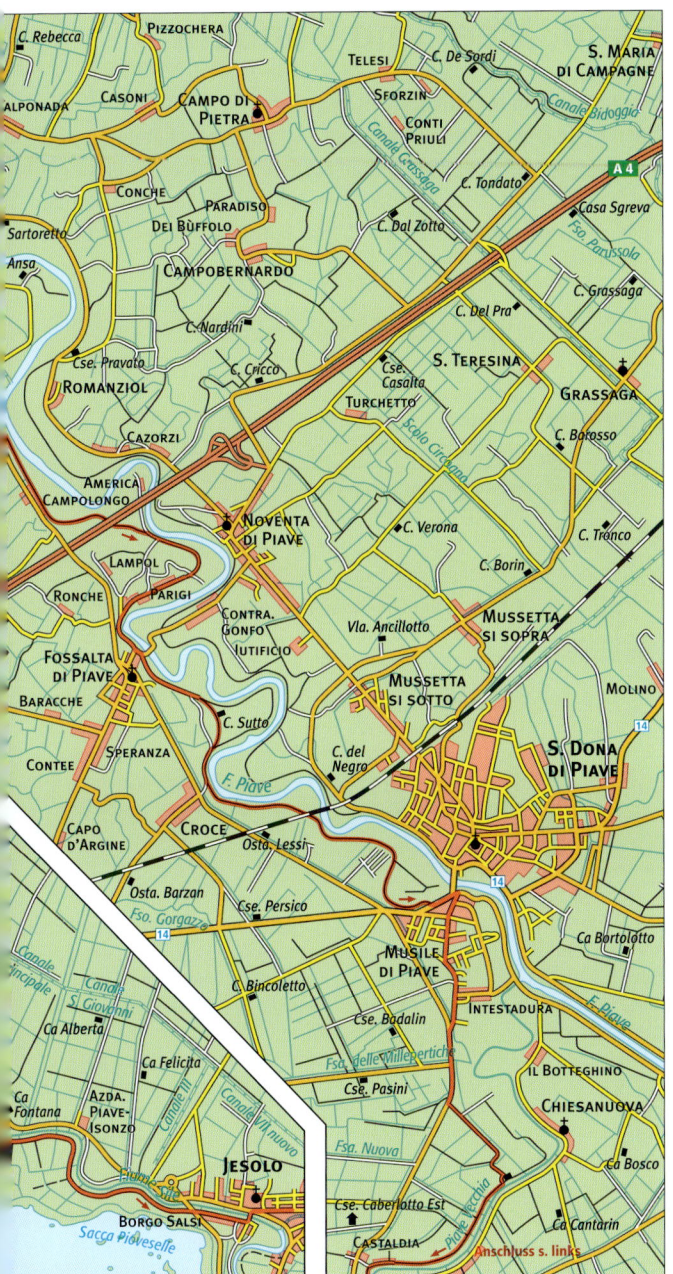

Sand, Meer und Gondeln

Von Jesolo zum Markusplatz in Venedig

Nach den schweißtreibenden Tagen in der Ebene belohnen heute zwei einmalige Erlebnisse für alle Mühen des Weges von München nach Venedig: das Bad im warmen Meer und die Überfahrt vom Ende des Lido »zum schönsten Salon Europas«: dem Markusplatz in Venedig.

DIE ETAPPE IN KÜRZE

+
Anspruch

6 Std.
Gehzeit

24 km
Länge

Charakter: Leichte Wanderung auf einem Hochwasserdamm, auf Straßen und am Strand entlang.

Wanderkarte: Carta d'Italia 1:50 000 Nr. 128-Venezia, Belletti V218 Litorale di Jesolo 1:50 000

Einkehrmöglichkeiten: Gasthaus in Cavallino, verschiedene Cafés am Strand und in Ponte Sabbioni

Unterkunft: In 30122 Venezia: Doni*, S. Zaccaria N. 4656 (Calle del Vin, Castello), Tel. 0039/041

522 42 67; Bucintoro**, Riva S. Biagio 2135 (Castello), Tel. 0039/041 522 32 40; Campillo**, S. Zaccaria N. 4647 (Campillo del Vin, Castello), Tel. 0039/041 520 57 64; Bel Sito & Berlino***, San Marco 2517, Tel. 0039/ 041 522 33 65; Flora***, S. Marco 2283a (Calle Larga XXII Marzo), Tel. 0039/041 520 58 44

Information: Uffici Informazioni Assistenza Turistica (I.A.T.), S. Marco 71/F – Ascensione, Tel. 0039/ 041 520 89 64

Der letzte Wandertag beginnt in **Jesolo** am Ufer des Flusses Sile. Nach Überqueren des Kanals Cavetta verlassen wir nach der nächsten Kurve die Hauptstraße Via Nacario Sauro und biegen rechts in die Sackgasse Via Reviera Sile ab. Hier verstummt der lästige Autoverkehr.

Nach einem kurzen Stück gabelt sich die Straße: Wir nehmen den rechten Weg, der auf einen begrünten Hochwasserdamm führt. Der breite Dammweg an der Seite des Flusses Sile ermöglicht ein rasches

Fortkommen. Bald ist von Jesolo nur noch der Glockenturm zu erkennen. Nach Unterqueren einer Autobrücke fallen links die Hotelanlagen von Lido de Jesolo auf. Dort befindet sich der größte und bekanntesten Strand der Landzunge. Vom touristischen Trubel bekommen wir allerdings nichts mit. Einsam und ganz im Stil der letzten Tage folgen wir dem unscheinbaren Damm weiter, der an nur wenigen Anwesen vorbeiführt.

Nach einer **Kläranlage** auf der linken Seite (1 Std.) verläuft auf dem

Damm die als Sackgasse ausgewiesene Straße Via la Bassa. Wenig später (1.20 Std.) zweigt links ein Schotterweg zu zwei Anwesen ab. Wir bleiben weiter auf dem Damm, auch wenn er hier etwas unwegsam ist, und umgehen somit die beiden Anwesen. Nach einem Gestüt auf der linken Seite (2 Std.) nimmt das Schilf am Ufer des Fiume Sile den Weg immer mehr in Besitz. Stellenweise wird das Schilf so dicht, das wir die Hände zu Hilfe nehmen müssen. Es ist das letzte Stück Wildnis auf der Wanderung, denn bei der nächsten **Autobrücke** (2.20 Std.) verlassen wir den Damm.

Über die Autobrücke wechseln wir auf die andere Seite des Fiume Sile. Unmittelbar nach der Brücke folgen wir beim Ortsschild von **Cavallino**

dem Abzweig links und gleich darauf rechts der Straße Via dell'Artigliere. Bei der nächsten großen Kreuzung, an der fünf Straßen aufeinander treffen, leitet uns schließlich die Via del Granatiere links direkt zum offenen **Meer** (3 Std.).

Wir haben das Meer erreicht! Es dürfte nur wenige Freuden geben, die sich mit dieser messen können: ein Bad im warmen Meerwasser, das den Staub einer Alpenüberquerung und der heißen Tagen in der Tiefebene abspült. Die Euphorie des Augenblicks schützt vor den vielen verwirrten und erstaunten Blicken, die man bei den leicht bekleideten Badegästen am Strand hervorruft.

Welchen Weg man nun nach Punta Sabbioni am Ende der Landzunge nimmt, ist eine Frage des Ge-

Am Meer!

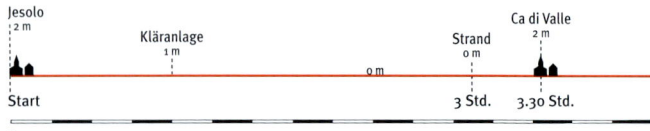

schmacks und der Kondition: Am schönsten, aber auch am anstrengendsten ist es, den ganzen Weg am Strand entlang zu laufen – am besten dort, wo der Sand vom Meerwasser noch nass ist. Strandcafés laden am Weg zur Stärkung ein.

Alternativ kann man dem Strand aber auch nur bis zum nächsten Ort **Ca di Valle** (3.30 Std.) folgen, um anschließend auf Straßen bis nach Punta Sabbioni zu laufen. Für diesen Fall empfiehlt es sich, nach der Ortschaft **Ca Ballarin** links der Straße

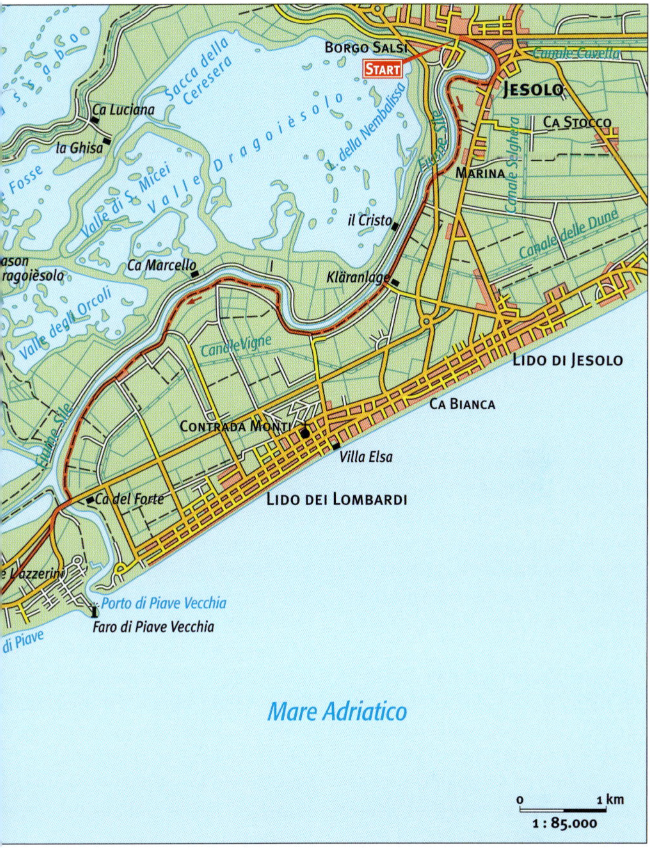

Via C. Radaelli (4.20 Std.) zu folgen und, bevor diese wieder auf das Meer stößt, rechts in die Straße Via delle Batterie einzubiegen. Parallel zum Meer geht diese in die Straße Via Vettor Pisant und im späteren Verlauf in die Via Brenta über. Am Ende geht es wieder auf die Hauptstraße Via Fausta, die links die letzten Meter nach Punta Sabbioni führt.

In **Punta Sabbioni** (6 Std.) enden alle Festlandwege und damit auch unsere Fernwanderung. Wir müssen

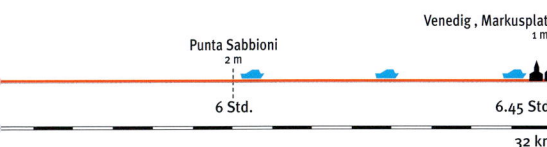

135

nur noch in eines der regelmäßig fahrenden Schiffe einsteigen, um die letzten Kilometer bis zur Lagunenstadt **Venedig** (6.45 Min.) zurückzulegen. Besonders reizvoll ist die Überfahrt am Abend, wenn die Lichtstimmung schöner und Venedig leerer ist.

Das Einlaufen mit dem Schiff in das Hafenbecken von San Marco mit dem Panorama des Dogenpalastes und der Markuskirche mit ihrem hohen, schlanken Campanile und die ersten Schritte auf dem Markusplatz werden zum unvergesslichen Erlebnis.

Endlich in Venedig

Von den berühmten historischen Cafés Florian, Lavena und Quadri an der Piazza S. Marco genießt man einen herrlichen Ausblick auf den Do-

genpalast und die Markuskirche. Die Mosaiken der **Basilika S. Marco** strahlen tagsüber in warmen Goldtönen und schaffen nachts, vor allem bei Vollmond, eine zarte, romantische Atmosphäre. Verzückt lauscht man dabei den Klängen des Orchesters oder den Glocken des Campanile von San Marco. Vom 95 m hohen Glockenturm bietet sich ein grandioser Blick über die gesamte Stadt und die Lagune bis hinüber zur Insel San Giorgio Maggiore mit ihrer malerischen Kirche und dem hohen Campanile.

In Venedig ist man nie allein. Bereits mit der ersten wärmenden Morgensonne drängen Touristen vom Hafendamm in das Stadtzentrum. Dem Trubel rund um die Basilika San Marco und den Dogenpalast entgeht man am besten durch Erkundungsgänge in dem Labyrinth aus Kanälen und Gassen, die Venedigs komplexe

Struktur bilden und jeden Besucher ohne Stadtplan schnell in den Wahnsinn treiben können.

Doch Umwege lohnen sich: Verschwiegene Gassen, eine versteckte Kirche oder ein verträumter Platz machen die Sinne frei für die einfachen Genüsse, an denen Venedig so reich ist: das fröhliche Lärmen der Kindern auf den Campi, das Stimmengewirr aus einer Bar oder der Gesang der Gondolieri, die ihre schwarzen Gondeln mit traumwandlerischer Sicherheit durch enge Wasserstraßen steuern.

Die Lagunenstadt ist nichts für Eilige. Die Fortbewegung mit Booten braucht seine Zeit, das Wasser zwingt Bewohnern und Besuchern seinen Rhythmus auf. So liegt es nahe, Venedig auch vom Wasser aus zu erkunden. Dazu steigt man am besten in eines der langsamen Vaporetti der öffentlichen Schifffahrtslinie ein. Am breiten Hafenkai bei der Station S. Zaccaria legt z. B. die Linie 52 ab, die die ganze Stadt umrundet. Ein besonderes Erlebnis ist die Fahrt mit der Linie 1 auf der berühmtesten ›Straße‹ Italiens: dem **Canal Grande.** Zahlreiche Palazzi mit prächtigem Fassadenschmuck zieren die Ufer dieser wichtigsten Verkehrsader. Sie teilt die Stadt in zwei Hälften, die an der schmalsten Stelle durch die Rialto-Brücke verbunden sind.

Versäumen Sie auch nicht einen Besuch des Obst-, Gemüse- und Fischmarktes von Rialto. Er gehört zu den berühmtesten ganz Venetiens und liegt zudem in einem der ältesten Viertel der Stadt.

Wieviele Tage man auch in Venedig bleibt, es ist unmöglich, nicht beeindruckt zu sein. Der Besuch in dieser großartigen Stadt ist ein würdiger Abschluss der Fernwanderung.

Kleiner Sprachführer

acqua	Wasser	nord	Norden
albergo	Gasthof, Hotel	orario	Fahrplan
alta via delle dolomiti	Dolomiten-Höhenweg	ovest	Westen
		parcheggio	Parkplatz
alta, alto	hohe(r)	parco naturale	Naturpark
altitudine	Höhe	parco nazionale	Nationalpark
altopiano	Hochfläche	passagio	Durchgang, Durchfahrt
aperto	offen		
baita	Bar, Unterstand	passo	Joch, Pass
banca	breites Geröll-band	pericolo	Gefahr
		pian, piano	Ebene, Fläche
bassa, basso	tief, niedrig	piz, pizzo	Spitze
bivacco	Biwakschachtel	ponte	Brücke
bocca	Scharte	porta	Felstor, Scharte
bocchetta	kleine Scharte	pra, prato	Wiese
bosco	Wald	punta	Gipfel, Spitze
busa	Bergkessel, Kar	rifugio	Schutzhütte
cabinovia	Kleingondelbahn	rio, rivo	Fluss
caduta di sassi	Steinschlag	salita	Aufstieg
capanna	(Berg-)Hütte	sass, sasso	Fels, Felsberg
cascata	Wasserfall	seggiovia	Sessellift
casera	Almhütte	sella	Schulter, Sattel
catena	Gebirgskette	sentiero	Steig, Weg
caverna	Höhle	soccorso alpino	Bergrettung
chiuso	geschlossen	sorgente	Quelle
cima	Gipfel, Spitze	spallone	große Bergschulter
col	Hügel		
dente	Bergzacken	spigolo	Bergkante
difficile	schwierig	strada forestale	Forstweg
est	Osten	strada statale	Staatsstraße
facile	leicht	sud	Süden
fermata	(Bus-)Haltestelle	tabia	Heustadel
fiume	Fluss	telecabina	Gondel-/Kabinenumlaufbahn
fonte	Quelle		
forcella	Sattel, Scharte	teleferica	Seilschwebebahn
funivia	Seilbahn		
ghiacciaio	Gletscher	torre	(Fels-)Turm
guglia	Turm, Felsnadel	torrente	Bach
laghetto	Tümpel, kleiner See	val, valle	Tal
		van, vant	Bergkessel, Kar
lago, laghi	See, Seen	vedretta	kleiner Gletscher
malga	Alm	via	Weg, Straße
monte	Berg	via ferrata	Klettersteig
neve	Schnee	vietato	verboten

Register

Bitte schreiben Sie uns, wenn sich etwas geändert hat!
Alle in diesem Buch enthaltenen Angaben wurden von den Autoren nach bestem Wissen erstellt und von ihnen und dem Verlag mit größtmöglicher Sorgfalt überprüft. Gleichwohl sind – wie wir im Sinne des Produkthaftungsrechts betonen müssen – inhaltliche Fehler nicht vollständig auszuschließen. Daher erfolgen die Angaben ohne jegliche Verpflichtung oder Garantie des Verlages oder der Autoren. Beide übernehmen keinerlei Verantwortung und Haftung für etwaige inhaltliche Unstimmigkeiten. Wir bitten dafür um Verständnis und werden Korrekturhinweise gerne aufgreifen:

DuMont Reiseverlag, Postfach 3151, 73751 Ostfildern
E-Mail: info@dumontreise.de

Für Ihre Notizen

Abbildungsnachweis

Titelbild: Blick auf den Großen Lafatscher (Tag 8)

Alle Bilder in diesem Band stammen von **Ralf Lamsbach**, München

Karten und Höhenprofile: DuMont Reisekartografie, Fürstenfeldbruck, © DuMont Reiseverlag, Ostfildern

Impressum

Über die Autoren: Ralf Lamsbach (geb. 1965) und Mareike Lamsbach (geb. 1967), beide Diplomingenieure, sind begeisterte Wanderer. Ihre Reisen führten sie mehrmals nach Lappland und bereits zweimal über die Alpen. Sie veröffentlichten mehrere Zeitschriftenartikel und präsentieren ihre Touren in Diavorträgen. Ralf und Mareike Lamsbach leben und arbeiten in München.

3., aktualisierte Auflage 2009
© DuMont Reiseverlag, Ostfildern
Alle Rechte vorbehalten
Grafisches Konzept: Groschwitz, Hamburg
Druck: Rasch, Bramsche
Buchbinderische Verarbeitung: Bramscher Buchbinder Betriebe